/100位

为新中国成立作出突出贡献的英雄模范人物/

韦拔群

于 元/编著

★

吉林文史出版社

图书在版编目（CIP）数据

韦拔群 / 于元编著. -- 长春：吉林文史出版社，
2011.4（2022.4重印）
（100位为新中国成立作出突出贡献的英雄模范人物）
ISBN 978-7-5472-0590-7

Ⅰ．①韦… Ⅱ．①于… Ⅲ．①韦拔群（1894～1932）一
生平事迹 Ⅳ．①K825.2

中国版本图书馆CIP数据核字(2011)第051234号

韦拔群

WEIBAQUN

编著/ 于元

选题策划/ 王尔立　责任编辑/ 王尔立

装帧设计/ 韩璘

出版发行/ 吉林文史出版社

地址/ 长春市福祉大路5788号　邮编/ 130118

电话/ 0431-81629363　传真/ 0431-86037589

印刷/天津海德伟业印务有限公司

版次/ 2011年4月第1版 2022年4月第6次印刷

开本/ 640mm×920mm　1/16

印张/ 9　字数/ 100千

书号/ ISBN 978-7-5472-0590-7

定价/ 29.80元

《100位为新中国成立作出突出贡献的英雄模范人物》丛书

★★★★★

编 委 会

主 任　　张自强　高 磊

副主任　　王东炎　徐 潜　张 克　王尔立

编 委　　郭家宁　尚金州　龚自德　张菲洲

　　　　　张宇雷　褚当阳　丁龙嘉　孙硕夫

　　　　　李良明　闫勋才

/100位

为新中国成立作出突出贡献的英雄模范人物/

八女投江	于化虎	小叶丹	马本斋	马立训	方志敏
毛泽民	毛泽覃	王尔琢	王尽美	王克勤	王若飞
邓 萍	邓中夏	邓恩铭	韦拔群	冯 平	卢德铭
叶 挺	叶成焕	左 权	诺尔曼·白求恩		任常伦
关向应	刘老庄连	刘伯坚	刘志丹	刘胡兰	吉鸿昌
向警予	寻淮洲	戎冠秀	朱 瑞	江上青	江竹筠
许继慎	阮啸仙	何叔衡	佟麟阁	吴运铎	吴焕先
张太雷	张自忠	张学良	张思德	旷继勋	李 白
李 林	李大钊	李公朴	李兆麟	李硕勋	杨 殷
杨子荣	杨开慧	杨虎城	杨靖宇	杨闇公	萧楚女
苏兆征	邹韬奋	陈延年	陈树湘	陈嘉庚	陈潭秋
冼星海	周文雍、陈铁军夫妇		周逸群	明德英	林祥谦
罗亦农	罗忠毅	罗炳辉	郑律成	恽代英	段德昌
贺 英	赵一曼	赵世炎	赵尚志	赵博生	赵登禹
闻一多	埃德加·斯诺		夏明翰	格里戈里·库里申科	
狼牙山五壮士		聂 耳	郭俊卿	钱壮飞	黄公略
彭 湃	彭雪枫	董存瑞	董振堂	谢子长	鲁 迅
蔡和森	戴安澜	瞿秋白			

前 言

　　每个人的心中都多少有一点英雄情结，都向往英雄、景仰英雄。也正因此，在中华人民共和国建国六十周年之际，由中央十一部委联合组织开展的"100位为新中国成立作出突出贡献的英雄模范人物和100位新中国成立以来感动中国人物"的评选活动中，群众参与投票总数近一亿。这其中的每一张选票，都表达了人们对英雄模范的崇敬之情，寄托着对伟大祖国的美好祝福。

　　一个民族不能没有英雄，否则这个民族就不会强大。当国家危难之时，懦弱者选择了逃避、妥协甚至投降，英雄们却挺身而出，用热血捍卫民族的尊严，人民的幸福。在创立和建设新中国的伟大历程中，涌现出无数可歌可泣的英雄模范人物。他们之中，有为了民族独立和人民解放而英勇牺牲的革命先烈，有为了党和人民的事业而不懈奋斗的优秀共产党员，有在全民族抗战中顽强奋战、为国捐躯的爱国将士，有英勇杀敌的战斗英雄和革命群众，有积极从事进步活动的著名民主爱国人士和国际友人……他们是民族的脊梁、祖国的骄傲，是激励全体人民团结奋斗的精神力量。

　　《100位为新中国成立作出突出贡献的英雄模范人物传记》丛书，就像一部星光璀璨的英雄谱，真实、完整地记录了英雄模范人物不平凡的一生，再现了他们非凡的人格魅力和精神世界。"头颅可断腹可剖"的铁血将军杨靖宇，"毫不利己，专门利人"的白求恩，"抗战军人之魂"张自忠，"砍头不要紧"的夏明翰，"俯首甘为孺子牛"的文化斗士鲁迅……一串串闪光的名字，一个个动人的故事，犹如群星闪烁，光耀中华。

　　如今，战火已熄，硝烟已散，英雄已逝，我们沐浴在和平的幸福之中。在和平年代，人们不会忘记为今日的和平浴血奋战的英雄们，英雄的故事永远不会结束。让我们用英雄的故事唤醒我们心中的激情，为中华民族的伟大复兴而奋斗。

生平简介

韦拔群（1894-1932），男，壮族，广西省东兰县人，中共党员。

韦拔群1916年初在贵州加入讨伐袁世凯的护国军，参加了护国战争。后入贵州讲武堂学习，毕业后到黔军任参谋。在五四运动影响下，1920年离开黔军到广州加入"改造广西同志会"，次年回东兰从事农民运动，先后组织"改造东兰同志会"（称农民自治会）和"国民自卫军"（后称农民自卫军），指挥农军三打东兰县城，赶跑县知事和团总。1925年初入广州农民运动讲习所学习，结业后回东兰继续从事农民运动，主办农讲所，培养骨干，发展农会和农民武装，把农运推向右江地区。1926年领导成立东兰县革命委员会，任主任，同年冬加入中国共产党。1929年12月参与领导百色起义，建立右江根据地，任右江苏维埃政府委员、中国工农红军第七军第三纵队司令员、第二十一师师长。1930年11月，红七军主力奉命北上，离开右江根据地，他坚决服从军前委命令，带领百余人留在右江根据地，发动群众，重新组建部队，在极其艰苦的条件下坚持游击战争。他一家二十余人，包括他的儿子在内的十多位亲人惨遭敌人杀害。1932年10月19日，被叛徒杀害于广西东兰赏茶洞。

1894-1932

[WEIBAQUN]

◀韦拔群

目 录 MULU

快乐事业，莫如革命（代序）

　　韦拔群是中国新民主主义革命时期三大农民运动领袖（毛泽东、彭湃、韦拔群）之一，是中国人民军队早期的杰出将领，是百色起义的领导者、中国工农红军第七军和广西右江革命根据地的创始人之一，是中华苏维埃共和国临时中央政府执行委员，是中国共产党的模范党员和共产主义的卓越战士。毛泽东称赞他是"壮族人民的好儿子，农民的好领袖，党的好干部"。韦拔群一生为中国人民的解放事业作出了不可磨灭的贡献，为我党我军的历史写下了光辉的篇章。

　　在战场上，韦拔群既是指挥员，又是战斗员。他说："快乐事业，莫如革命。"

　　韦拔群波澜壮阔的一生虽然只有短暂的 38 年，但他用生命铸就的追求真理，坚定信念，忧国忧民，心系群众，革故鼎新，敢为人先，艰苦奋斗，百折不挠，顾全大局，无私奉献的拔群精神，激励着一代又一代中华儿女开拓进取，至今仍然成为人们前进的巨大动力。

　　追求真理、坚定信念是拔群精神的灵魂。韦拔群出生于一个富有的封建家庭，他完全可以循规蹈矩读书做官，或不问世事成家立业，独善其身逍遥一生，但他不贪图安逸享乐，不追求名利富贵，从小就立下了救国救民的大志。为寻求人民翻身得解放的正确道路，他三次变卖家产进行社会考察，他历尽艰辛奔赴广州寻找马列主义。

　　忧国忧民、心系群众是拔群精神的核心。韦拔群领导人民闹革命，就是要使劳苦大众过上幸福美好的日子。为了拯救中国，他挺身而出，成了广西农民运动的先驱，把革命的思想转化为人民群众的行动，在人民群众的支持下推进革命事业。他自觉将革命理论运用到农民运动中，结合实际举办农民运动讲习所，培养农民运动骨干，如火如荼地开展农民革命斗争，被誉为海陆丰之彭湃，极得农民信仰。毛泽东赞叹说："韦拔群是个好同志，我过去搞农运，有些东西还是从韦拔群那里学来的。"韦拔群实现了他救国救民的愿望。

革故鼎新、敢为人先是拔群精神的精髓。韦拔群善于从实际出发，不局限于本本主义。他以灵活多变的斗争艺术，不断开创革命斗争新局面。最能体现他敢为人先革命精神的，是他以独到的眼光，在我党最早倡导和实行武装夺取政权的道路。早在1920年，他就组织成立改造东兰同志会，率先在广西举起反帝反封建的革命大旗；1923年，他建立了东兰农民自卫军，三次武装攻打东兰县城，揭开了广西农民武装斗争的序幕；1929年百色起义前夕，他所领导的农民武装队伍发展到两千多人，建立了较为巩固的东凤革命根据地。如果没有韦拔群领导的东兰农军作依靠，百色起义就不可能胜利打响；没有东凤革命根据地作基础，右江革命根据地就不可能建立和发展。

艰苦奋斗、百折不挠是拔群精神的基本特征。韦拔群虽然出身于富裕家庭，却始终保持着劳动人民艰苦奋斗的高贵品质。在险象环生的岁月里，他什么苦都能吃，什么困难都能克服，什么危险都处之泰然。没有食物，他与战士一道吃野菜草根；没有武器弹药，他变卖祖传的田地和房屋；为了革命的红旗不倒，他带领根据地军民粉碎了桂系军阀两次大规模"围剿"。韦拔群这种坚韧不拔、百折不挠的革命精神集中体现了一个共产党员艰苦奋斗的政治本色。

顾全大局、无私奉献是拔群精神的最高境界。韦拔群是心底无私的共产党人，他的一生是顾全大局、无私奉献的一生。他对党的事业无限忠诚，对党的安排无条件服从。党需要他搞土地改革，他就把共耕社办得有声有色；党需要他办学校，他就为革命输送了大批骨干；党需要他留守根据地，他就毫不犹豫地把一手带出来的队伍中最优秀的战士、最好的武器拨给北上主力部队，把生的希望让给同志，把死的危险留给自己，仅带八十名老弱战士坚守右江革命根据地。

韦拔群永远活在人民心里，拔群精神永放光芒！

探索之路

（1894—1923）

→ 从读小书到读大书

★★★★★

（0—20 岁）

　　韦拔群原名韦秉乾，壮族。1894年2月6日，韦拔群生于广西省东兰县武篆镇东里村的一个富裕农民家庭。

　　这一天正是正月初一，而韦拔群又是长子，因此被认为是家庭吉庆的象征。

　　韦拔群出生时重达9斤，哭声洪亮，他有力地伸着胳膊蹬着腿，一双大眼睛特别有神，满脸透着灵气。前来道喜的乡亲和朋友见后都私下议论说："这孩子四方大脸，相貌英俊，面善神清，两眼放光，日后必定出人头地，名扬壮乡。"

东兰县位于广西西北部，在红水河西岸。境内山岭重叠，交通艰难。壮、瑶各族杂居，人民生活极其贫苦。

自从宋朝狄青征服侬智高后，朝廷

△ 韦拔群家族烈士墓碑群

把其统治不到的区域划地分封给随征的有功将士。受封者称土司官，对其封邑有治理的全权。他们所需要的，无论公用还是私用，完全向封邑内的土民摊征。对上级封疆大吏，他们并无隶属关系，只是年终献上一些土仪。土司官手操生杀大权，俨然是土皇帝。

东兰州的土司官姓韦，原籍山东。袭封到了第三十几代的韦龙甫，清雍正皇帝将土司官撤销，实行改土归流，成了东兰县。

改土归流是指改土司制为流官制。土司即原民族的首领，是世袭的；流官由中央政府委派，是流动的。改土归流有利于消除土司制度的落后性，同时加强了中央对西南地区的统治。

韦拔群是韦姓土司的后代，自从改土归流后，韦家的家境已经一代不如一代了。

韦拔群的祖父是个打草鞋的，为人忠厚老实，吃苦耐劳，省吃俭用，后来靠卖甜酒和烟叶发了家，就置田买地，生活富裕起来。韦拔群出生时，韦家已经是个大家，有二十多口人了。

△ 韦拔群故居

　　韦拔群自幼聪明好学，喜爱读书，富裕的家庭生活为他提供了求学上进的条件。

　　少年时代，韦拔群耳闻目睹贫苦农民的悲惨生活，养成了同情贫苦农民、喜好打抱不平、敢想敢做的品质和性格。

　　原来，韦拔群爱看《水浒传》，爱听太平天国的故事。梁山聚义和洪杨起义的故事让他入了迷。他羡慕那些行侠仗义的豪杰，更看重宾客如云的信陵君和孟尝君。韦拔群深受古代先贤的影响，继承了中华民族的优秀传统，也变得聪明起来。

韦拔群希望自己也是一个行侠仗义的英雄。他足智多谋，喜好打抱不平。他曾脱下身上的衣服送给鹑衣百结的穷孩子，也曾把家中米仓里的粮食送给饥肠辘辘的乡亲。

韦拔群的家乡有个叫杜八的富家子弟，仗着家中有钱有势，经常在外面欺侮穷人家的孩子。有一天，他故意踢翻一个小姑娘的拾菜篮子，并嬉皮笑脸地说一些不干不净的话。韦拔群见到后，立即挺身而出，把杜八狠狠教训了一顿，并让他当场发誓：一、从此以后不再欺侮女孩子；二、回去后不向老子告状。不料那杜八说话不算数，回到家里就把这件事添油加醋地对他老子讲了。他老子勃然大怒，立即找到韦拔群家。结果，韦拔群虽然做了好事，却挨了祖父一顿打。韦拔群又气又恨，决心惩治杜八父子俩。杜八的父亲是个花天酒地的财主，窗台上总是放着几瓶酒。杜八是个酒鬼，常偷父亲的酒喝。有一天，趁杜八的父亲带着管家出门催债之时，韦拔群联合三个穷孩子悄悄来到杜家窗台下，用口水舔破窗户纸，把三瓶酒倒出来，然后换上人尿，又照旧放回原处，最后裱好纸洞。中午，杜八的父亲回家后，口渴得要命，走到窗前打开酒瓶盖就喝，一口人尿下肚，气得他七窍生烟。他误以为是杜八搞的鬼，不分青红皂白就把他按倒在地，一边用鞭子抽打，一边破口大骂："打死你这个贪嘴的鬼！"这事传出去后，受欺侮的穷孩子都笑了。

1908年，14岁的韦拔群考入东兰县高等小学读书，开始受到民主革命思想的启蒙和影响，萌生了忧国忧民的进步思想。

1911年，为了追求新知识，好学上进的韦拔群离开家乡，独自前往宜山县

（今宜州市）考进省立庆远中学。

当年10月，孙中山领导的辛亥革命推翻了清王朝，摧毁了延续两千多年的封建帝制。

韦拔群十分崇敬伟大的民主主义革命家孙中山，接受了他的民主革命思想。但是，校方对学生思想控制很严，韦拔群对此十分不满。

不久，韦拔群因反对校方强令学生出资给校长送礼祝寿，被学校扣上"不尊重师长"的大帽子，被开除了学籍。

经人介绍，韦拔群改入广西省立桂林法政学堂就读，希望学到政法知识，造福社会。可是，这所学校所教的全是为官之道，根本不提孙中山提出的新政策，这使韦拔群大失所望，也极为愤慨。

1914年，韦拔群愤然退学，离开法政学堂，回到东兰。

回乡不久，韦拔群为了探索救国救民的道路，决定变卖耕田，筹集路费，前往武汉、上海、广州等地游历、考察，寻求革命真理。

一天，韦拔群对母亲说："妈，我已经决定不再上学读书，打算拿上学的费用到山外去走一走，看一看这世道到底怎么样。"

母亲语重心长地说："秉乾，妈为你再上学堂做好了一切准备，你可不能到外面去玩儿啊！"

韦拔群说："不，妈妈，我要到外面去看看世界。"

母亲不解地问："你不想读书了?"

韦拔群回答说："我是想去读一本大书。"

"大书? "

"是写在江河湖海上的书，一本没有文字记载的大书! "

"你莫跟妈开玩笑! "

"真的，妈妈，你没听人说'读万卷书不如走万里路'吗? "

"妈听说过。只是你一个人出去闯世界，妈不放心。"

"树上的鸟儿翅膀硬了就要飞，鸟

儿的妈妈能老叫它的子女待在窝里吗？"

"唉，你这孩子，妈说不过你，不过你可要多加小心啊……"

韦拔群从东兰出发，渡过红水河北上，经河池、柳州、桂林、冷水滩、株洲、长沙、武汉，然后沿江东下，途经九江、芜湖、南京、苏州、上海，最后从上海、杭州南下直达广州。

那时交通不便，韦拔群有时坐车，有时乘船，有时还要以步当车。

每到一处，韦拔群深入农家、里弄体察民情，了解各地的历史典故和斗争史实，祖国的名山大川和历史遗迹更激发了他的爱国之情。他随身带着笔记本，本子里密密麻麻地记满了一路上的所见所闻。

在这次考察中，韦拔群看到了悲惨的社会现实：

鱼米之乡洞庭湖畔，因蝗灾而变得赤地千里；

湖南首府长沙，闹市里到处是逃荒来的难民，插着草标卖儿卖女；

在汉口的长江码头，外国的船舰横冲直撞，有英国的、法国的，还有日本的；

在上海的外国租界里，一块块斗大的牌子上写着"华人与狗不准入内"。这就像一把把尖刀扎进了韦拔群的心。作为炎黄子孙，谁能咽下这口气呢？韦拔群愤愤不平，彻夜难眠；

在广州，洋货充斥了大街小巷，面黄肌瘦、衣衫褴褛的乞丐流落街头，真是满目疮痍啊！

韦拔群在这次游历途中，曾提笔给家乡的好友陈伯民写了一封信，是用壮族民歌的形式写的："故乡那马伯民哥，给你寄这支信歌，走遍了天下，看透了这个世界，到处都是恶人把好人生吞活剥！如今世界妖怪多，口吃人肉念弥陀……"

韦拔群说："观察所得，我国的内乱，皆因军阀争夺地盘，政客互夺饭碗，官僚专铲地皮，绅士争食弱肉，田主掳掠农民，富翁盘算贫者，兵灾匪祸，饥荒死人，到处皆是，不得了啊！要挽救这种局面，除非实行孙中山之民族、民权、民生主义，没有别的可以挽救。"

→ 护国军副连长

★★★★★

（22—23岁）

1911年10月10日，两千多年的中国封建帝制被辛亥革命所推翻，建立了中华民国。不料，孙中山领导下建立的中华民国南京临时政府成立还不满一百天，辛亥革命的胜利果实就被北洋军阀头子袁世凯夺取。

在窃取了中央政权后，袁世凯倒行逆施，对外卖国，对内独裁。令中国人民发指的是，窃国大盗袁世凯竟敢冒天下之大不韪，于1915年12月12日宣布复辟封建帝制，把总统府改为新华宫，掀起了复辟逆流。

袁世凯称帝遭到当时有识之士的反对。孙中山、梁启超等人坚决反对帝制，北洋将领段祺瑞、冯国璋等也深为不满，段祺瑞致电袁世凯："恢复国会，退位自全。"帝国主义列强畏惧袁世凯称帝会激起中国人民新的革命高潮，也不断对他提出警告。

12月25日，蔡锷、唐继尧等在云南宣布起义，发动护国战争，组织护国军分三路出征讨伐袁世凯：以蔡锷为第一军总司令，率领滇军主力进军四川；以李烈钧为第二军总司令，率军出两广；以军政府都督唐继尧兼第三军总司令，坐镇后方，策应前线。

1916年1月27日，贵州宣布独立，出兵讨袁。

在这种情况下，反对袁世凯复辟封建帝制的斗争，在全国范围内轰轰烈烈地开展起来！

讨袁烈火燃烧到东兰，爱国青年无不热血沸腾。深受孙中山三民主义影响的韦拔群和他的伙伴们认为报效祖国的时机到了，决心组织一支农民队伍参加讨袁战争。

韦拔群不分白天黑夜，跋山涉水，串联新朋旧友，痛斥称帝之害，详述讨袁护国之必要。韦拔群变卖了部分田产，购买枪支，武装农友。在他的带领下，大家有人出人，有钱出钱，有枪出枪。报名参战的热潮在东兰、凤山、巴马兴起，很快，一支一百多人的农民武装组织建起来了。

韦拔群领着一百多名有志青年组成的讨袁队伍离开东兰，日夜行军，开赴贵州。

他们到贵州时，战事已经进入紧张阶段。黔军正急于招兵买马，扩大兵源，准备出征。韦拔群率领的这支农民武装，很快被编入北路黔军。

直接率领北路军黔军的是滇黔联军右翼军司令载勘，担任前敌总指挥的是梯团长熊其勋。

北路黔军由原来驻扎在黔北的两个团组成，每团三个营，合编成一个梯团，约两千多人，由熊其勋担任梯团长。

熊其勋参加过云南重九起义，思想比较激进，对韦拔群不远千里前来投军，立志讨袁，表示热烈欢迎。

为了便于指挥，熊其勋把韦拔群这支队伍单独编为一个连，任命韦拔群为副连长，另派黔军一名叫陆永芬的军官担任连长。部队刚一编好，就开往川南作战了。

这时，袁世凯正派三个团进驻綦江，严防黔军攻击重庆。

1916 年 3 月初，袁世凯又将进川的北洋军两个旅调往綦江，阻击黔军入川。

这样，綦江战场在四川就成为护国战争中仅次于泸纳（泸州、纳溪）和叙府（宜宾）的第三个主要战场了。

袁世凯下令坚守城池，护国军临危不惧，一场恶战开始了。为了报效国家，韦拔群这支未经训练的农民武装与北路黔军一道进行了英勇的战斗。

2月14日拂晓，熊其勋指挥部队向綦江前沿阵地发动进攻。开始时，对北路黔军十分不利。北洋军占据有利地形，居高临下，火力集中向下射击，黔军伤亡很大。但护国军士气旺盛，冒着枪林弹雨，英勇向前，奋不顾身。

护国军在抢夺高地时，在桂西北长大，从小就习惯爬山的韦拔群等人，与兄弟部队一道，有的从悬崖上攀藤附葛而上，有的从陡坡上翻越山石出击。经过一个多小时的白刃格斗，打死打伤敌人数百人，首战告捷。韦拔群身先士卒，受到官兵的一致拥戴。

2月18日，护国军又击溃敌军一个团，前锋进抵綦江县城仅十公里的桥坎河。接着，又战了四天，歼敌两千余人，北路黔军声威大震。

这时，在泸州前线的护国军进入泸纳之战的第二阶段，敌我双方形成对峙，前线告急。

蔡锷为了牵制敌军向泸州增援，电令北路黔军加速进攻綦江，西攻江津，截击增援泸州之敌。

与此同时，敌军也大量增兵，几个团陆续云集綦江、

△ 护国军誓师北上

江津一线。

于是，熊其勋指挥北路黔军与北洋军又展开了一场恶战。一直打到3月14日，才将敌人击溃。

在此期间，韦拔群及其农民武装参加的北路黔军，在綦江战场与北洋军连续鏖战一个多月，视死如归，连克九盘子、赶水等要隘十余处，歼敌数千人，给敌人以沉重的打击，挫败了北洋军阀围歼护国军的计划，牵制了敌人的兵力，对巩固贵州的独立和支援泸、叙主战场起了重要作用。

敌人为了固守重庆大本营和保卫长江线，不断增兵，綦江防线兵力达两万多人。

袁世凯悬赏20万元，驱使北洋军为其卖命。北路黔军虽然作战勇敢，但由于战线过长，兵力分散，未能突破敌人防线攻克綦江，达到威胁重庆的战略目的。

同时，川南主战场护国军伤亡过重，为了保存实力，以利再战，蔡锷于3月6日率部队撤退，并命令北路黔军尽可能将范围缩小，以免腹背受敌。于是，韦拔群部队便随北路黔军由綦江附近的东溪、赶水等地退回松坎、温水、习水等川黔边界一线，军事上由主动进攻改为牵制防御。

这时，广西人民对袁世凯称帝极为不满。在民众压力之下，广西于 3 月 15 日宣布独立。这样，反袁战线在大西南连成了一片，川、湘的北洋军阀被孤立了。

在这种情况下，蔡锷下令反攻。护国军势如破竹。袁世凯被迫于 3 月 22 日宣布取消帝制。

4 月初，四川战争基本停止，东路黔军在湘西战场也取得了胜利。

6 月 6 日，袁世凯忧惧而死，仅当了八十三天的短命皇帝。

护国战争胜利结束，消息传到东兰，满城鞭炮声、欢呼声不绝于耳。

韦拔群部队与北路军一道，承担了綦南战场的任务，以少胜多，有力地打击了敌人，对支援其他三个战场起了重大的作用。

护国战争是近代由中国资产阶级领导的仅次于辛亥革命的又一次伟大的革

命运动，它粉碎了封建帝制延续的阴谋，恢复了共和制。

人们奔走相告，争传韦拔群带领东兰、巴马、凤山的农民武装为报效祖国出了大力。

东兰出了个救国救民的韦拔群，东兰人民为他感到自豪。

➡ 找孙中山去

★★★★★

（23-27岁）

讨袁胜利后，韦拔群却高兴不起来。他所率领的农民武装未经过正规训练，人地生疏，在敌强我弱的恶战中，几十个兄弟的尸骨丢在了异乡。为此，韦拔群感到十分悲痛，觉得对不起东兰、巴马、凤山的父老乡亲。可是，连长陆永芬却极其凶残，视士兵如牛马，随便使唤，对士兵的伤亡更是不在乎。

战争结束，部队退到川、黔边境时，兵员已经不多了，陆永芬对活下来的士兵动辄拳打脚踢，非打即骂。

韦拔群多次劝告，希望陆永芬不要虐待士兵。韦拔群的好意不但遭到拒绝，反而被陆永芬说成犯上。

有一天，一名新兵听错了口令，竟被陆永芬打得头破血流。韦拔群心中不忍，上前劝阻。陆永芬勃然大怒，指着韦拔群骂道："你算老几? 再说，连你也要处罚!"

韦拔群身为副连长，一向爱兵如子。他和士兵相处情同手足，士兵把他当成兄长，亲密无间。对这个连长，大家早就敢怒而不敢言了。这天，他们看到拔哥竟被谩骂，一个个怒不可遏，挥起拳头，异口同声地喊道："谁敢欺负拔哥，我们跟他拼了!"

陆永芬威风扫地，老羞成怒，恶狠狠地说："你们等着……"

不久，韦拔群被降到排长，并以"煽动军心，图谋不轨"的罪名，被送至重庆监禁起来。

但是，韦拔群毕竟是正义的代表，是真诚的报国勇士。由于广大士兵强烈抗争，一些正义的上层军官认为他为人忠良，千里投军，报国志大，便联名将他保释出狱。不久，在正直军官的极力营救下，韦拔群不但未受严惩，反被保送到贵州讲武堂学习军事去了。

在讲武堂里，韦拔群怀着习武救国的远大理想，系统地学习了军事知识，接受了正规的军事训练。由于他勤奋学习，刻苦钻研军事知识，每次考试成绩都是优良。

在讲武堂里，韦拔群学到了不少军事理论和军事技能，如虎添翼。

毕业后，韦拔群被分配到重庆，在黔军军部当了一名参谋，随军转战于川黔之间。

1919 年，反帝反封建的五四爱国运动爆发，俄国十月革命的经验和马列主义传入中国。韦拔群与其他进步青年军官秘密研读传播马克思主义的《新青年》等革命书刊，开始接受了马列主义，接受了社会主义的思想。

韦拔群写了宣传俄国十月革命和五四爱国运动的传单在军中散发，又以"愤不平"的化名把《新青年》杂志寄赠东兰县高等小学和各区学校的师生传阅，使马克思主义开始在东兰传播。

韦拔群的行动被发觉了，军法处长派人盯梢，秘密调查。事情已经泄露，韦拔群感到此地不能久留，依靠这种军队是没有指望的。他想：要革命，就得找孙中山去!

1920年秋，韦拔群秘密出走，到广州投奔孙中山。这年10月，韦拔群参加了改造广西同志会。

改造广西同志会是汪千仞、马君武、王乃昌、周长谋、梁烈亚等人于1919年冬开始筹备，1920年3月在上海正式成立的。会长马君武。会旨是将广西内外矢志驱陆（即军阀陆荣廷）之革命同志组织起来，为驱陆而斗争，将广西改造成为文明民主的新广西。

孙中山对改造广西同志会给予热情鼓励和大力支持，派廖仲恺出席大会，并发表讲话，表示要与改造广西同志会革命同志共同奋斗，决心将广西军阀陆荣廷及其喽啰打倒，一起改造两广。

8月下旬，粤军克复广州，为祸五年的陆荣廷被驱除。

9月，改造广西同志会由上海迁到广州，扩大活动，加强驱陆之革命队伍。韦拔群就是在这个时候参加改造广西同志会的。

11月，马君武主持召开改造广西同志会第二次会员大会，声明强盗陆荣廷必遭灭亡的命运，改造广西是广西全省八百万人民之要求，我们和人民一起负起这个重大责任，动员大家必须以革命的精神去消灭困难，争取成功。由于韦拔群热心革命，积极活动，在这次会上被选为改造广西同志会政治组副组长。

1921年5月，孙中山就任非常大总统，令陈炯明为援桂军总司令，率领粤军西进，讨伐陆荣廷。

△ 改造广西同志会成员合影

　　陆荣廷垮台后，孙中山任命马君武为广西省长。

　　8月，韦拔群与改造广西同志会一批成员先后回到南宁，协助马君武筹组政事，策划改造广西事宜。

　　当时，广西各县乡村农民被土豪劣绅欺侮压迫，十分凄惨。韦拔群见状，痛在心里，便把东兰大土豪杜瑶甫当做典型，列举他的诸多罪行，议论着如何设法收拾这些家伙，使人民当家做主。韦拔群提出要创设一个县立乡民警卫所，培植人民的武装力量，以对付这些封建团总。办法是派员下乡调查，每乡选出耕农十一人，由农民自己从中再选出两人为乡警卫所正副分所长，组织武装负责警卫。他认为这是改造广西兴利除弊的要务。随后，韦拔群写了个名为创设县立乡民警卫所的章程刊在《新广西日报》上，供各县参考，并与梁烈亚等人到邕宁县一些乡进行试点。

在南宁，马君武曾委任韦拔群为县长，还曾挽留他在省里工作，他都谢绝了。

原来，韦拔群看清了广西的形势：

粤军在广西期间，烧杀掳掠，无恶不作，已经引起人民的不满。马君武原以为可以依仗陈炯明的枪杆子改造广西，可是，陈炯明专横跋扈，只把马君武的省政府当做傀儡和点缀，不给马君武一点实权。省长如此，县长又能有什么作为呢？

不久，改造广西同志会主办的《新广西日报》报道了粤军某部在尧头村骚扰民间的事实，陈炯明的弟弟陈炯光竟勃然大怒，说《新广西日报》是反对粤军的吹鼓手，派统领率兵捣毁报馆，追查编辑人员，并留下字条进行威胁。

韦拔群对陈炯明军队的暴行愤怒极了，不到一星期，便向梁烈亚、陈勉恕等人辞行。大家问他为什么，他义愤填膺，激动地说："我在此地看腻了，心也要炸了。"大家又问他去干什么，他攥起拳头，坚定地说："还不是干革命！"

韦拔群告别马君武等改造广西同志会成员后，毅然决然地另寻出路了。

1921 年 9 月 16 日，韦拔群风尘仆仆地回到了东兰。

⊖ 为民请命

★★★★★

（27 岁）

当时，旧桂系军阀陆荣廷残部刘日福和蒙仁潜分别窜回百色、东兰、都安一带，自称自治军司令。刘日福和蒙仁潜部下邓祖贻在这一带滥收苛捐杂税。当地土豪劣绅为虎作伥，借机搜刮民财。

官府到处张贴布告，官吏豪绅摊派催逼，每户收 5 元至 20 元不等，限 10 日交清，过期罚款，外加押催费，违者抄家。

武篆圩场上一阵骚乱，人们停止了买卖，蜂拥似的朝魁星楼奔去。一声声破锣声传进人们耳里："父老乡亲们，刘旅长说了，凡不交纳开拔费的，一律关押。"

　　韦拔群看到这场面，不禁义愤填膺。他想，一切贪官污吏、反动军队都是生在穷人肚子里的寄生虫！必须用革命的暴

△ 魁星楼

力推翻封建统治，消灭反动派，解放受苦受难的农民。

于是，韦拔群联络进步青年陈伯民、牙苏民、黄大权、韦界新、黄孟恒、陈毓藻、陆树兰、韦午元、梁士书等十多名进步青年，在他的家乡成立革命同盟——改造东兰同志会，上街演说，宣传发动群众，号召大家团结起来，反对军阀，反对贪官污吏，反对土豪劣绅，改造东兰旧政治、旧文化，以谋求东兰农民的解放。

韦拔群向大家讲述了中国人民贫穷落后的原因，指出苛捐杂税是贪官污吏与土豪劣绅互相勾结制造出来的。他号召群众觉悟起来，实行社会革命，打倒帝国主义，打倒军阀，打倒贪官污吏，打倒土豪劣绅，让人民翻身过上好日子。

有一天，韦拔群在魁星楼讲演时，围观的群众越来越多，他便高声说："与敌人作斗争，不要怕啊，我们有炸弹对付他们。"

韦拔群讲完，从口袋里拿出自己制造的一颗炸弹给大家看。随后，他拿炸弹到魁星楼后的山脚下一掷，轰的一声，浓烟滚滚，尘土飞扬，围观的群众欢呼起来，许多人说："拔群能制造炸弹，我们还怕什么！"

炸弹一声巨响，一传十，十传百，全镇沸腾了，很快地震动了整个东兰，传到了凤山、百色、恩隆和都安等地。

韦拔群趁热打铁，在武篆育才小学召开大会。刘日福的残部开到东兰来，所收的开拔费经过民团、劣绅层层加码催收，害得许多村寨家破人亡。于是大家推选韦拔群、陈伯民为代表，赴百色去见刘日福，为民请命。

韦拔群深知，这次同刘日福打交道，让他收回成命，只能成功，不能失败！成功了有利于发动劳苦大众起来同土豪劣绅斗争；如果失败了，穷苦人岂能相信他们这些进步青年的呐喊、宣传？

自从陈炯明反叛孙中山之后，形势发生了巨变，影响了广西整个大局。进入广西的客军相率撤退，散在广西各地的陆荣廷旧部以及地方武装，乃至散兵土匪，高举自治军的大旗占夺城邑，据地自雄，成了无政府状态，地方秩序混乱异常。刘日福便在百色、东兰一带自称自治军首领，打着拥护孙中山的旗号以求站稳脚跟。他内心空虚，好面子，图虚荣，怕人揭他的短处。韦拔群和陈伯民抓住了他这些致命的弱点，心里充满了胜利的信念。

韦拔群和陈伯民连夜收集了几张卖身契和上吊绳，风尘仆仆地赶往百色，见到刘日福。刘日福对韦拔群早有耳闻，知道他是马君武省长器重的人。

刘日福皮笑肉不笑，望着眼前这两个两眼有神的青年，问道："你们找我有啥事儿？"

韦拔群把卖身契和上吊绳放在刘日福的桌子上，斩钉截铁地说："你们的部队开到东兰，每到一处都收开拔费，弄得好多百姓妻离子散，家破人亡！"

刘日福故作不知，问道："有这等事？"

"这是我们从武篆带来的，是为了交开拔费而卖儿鬻女的卖身契，还有无法交开拔费而上吊自杀的绳子！"

刘日福又故作惊讶地说："哎呀！竟有这事！我叫他们适可而止嘛,怎么……"

"刘旅长, 团局、豪绅无恶不作,到处打着你的旗号搜刮民脂民膏,说你这个老桂系变成老土匪了！"

"真他妈岂有此理！我刘日福还是跟着孙中山的嘛！"

韦拔群说："孙中山曾对掌军的同盟会员说过：'你现在抓了军队,千万记着：第一不要包烟,第二不要包赌,第三军队不要住民房。认真做到不骚扰老百姓,凡是骚扰老百姓的军队,都要被老百姓打的,桂军的下场就是一个教训,你们都要好好记取！你看那些旧军官哪个要得？你们尤其不可学他们的榜样。'旅长,这话不是说给你听的吧？"

"哪里哪里,韦先生,二位不要误会,

其实，我一向是爱民如子的。"

陈伯民补充道："当官的是船，老百姓是水，水能载船，也能翻船。"

韦拔群坐在刘日福的对面，掐着手指一五一十地历数东兰惨状："东兰连年兵荒马乱，今年又遇百日大旱，颗粒无收，现在又增税派款，百姓实在没有活路了。望刘司令开开恩，给老百姓做主吧！既然刘司令不知道，就把苛捐杂税免了吧？"

刘日福知道这是他下面的人在鱼肉百姓，搜刮民脂民膏。他沉思片刻，心想反正自己的腰包也装得满满的了，不如留个好名声吧！于是也就勉强点头同意了。

韦拔群见刘日福点头，便说："我代家乡百姓感谢旅长的恩典！请旅长写个手令，我带回去好向百姓交代。"

刘日福话已出口，只好写了对东兰免征开拔费一万元的命令。

韦拔群为了百姓利益，挺身而出，为民请命，领导农民反对苛捐杂税斗争的胜利，震撼了右江两岸。

韦拔群和陈伯民拿到刘日福的手令，星夜赶回东兰武篆时，正赶上春节前的最后一个圩日，圩场十分热闹。穷苦百姓舞起狮子、放鞭炮、唱山歌来庆贺韦拔群为老百姓办了一件功德无量的事，韦拔群和刘日福的斗争是勇与谋的斗争，是才与智的较量，人民胜利了，极大地鼓舞了广大群众的革命志气。

→ 立足家乡闹革命

★★★★★

（28-29岁）

1922年3月30日（农历三月初三），韦拔群利用"三月三"传统歌节的机会，召集黄大权、陈伯民、牙苏民、黄书祥、黄树林、韦钟璠等11名同志会会员在武篆北帝岩举行革命同盟会，讨论通过了韦拔群起草的东兰初期农民运动的纲领性文献《敬告同胞》，以"中国国民党广西特别党部"的名义，印发广西各地，号召工农商学兵团结起来，组织起来，打倒侵略我国的洋鬼子，铲除祸国殃民的大军阀，实行国民革命。

北帝岩位于东兰县武篆巴学村，距县城38公里，距武篆镇4公里，是个天然石洞。洞口宽64米，洞高43米，纵深137米。洞内宽敞明亮，干燥平坦，可容纳数千人。洞的深处有清泉，又有曲径通山后。原是神庙，清朝时曾作私塾，称武篆北帝岩。

为了壮大农民运动队伍，同年10月28日（农历九月初九），韦拔群又以重阳节登高游览为名，在武篆东里村的银海洲，召开有东兰、凤山、百色等县革命青年共一百八十多人参加的同盟会议。会上，韦拔群在《敬告同胞》文告的基础上，进一步明确地提出了同盟会的任务：联合劳苦大众，团结广大人民，彻底推翻反动政府，打倒军阀，铲除土豪劣绅，反对帝国主义侵略，拥护共产党，实行社会革命，建立新国家。会议还决定秘密成立公民会和农民自卫军，开展农民武装斗争。

同年冬天，韦拔群前往南宁联络旧时同学开展救国救民革命活动。由于大土豪杜瑶甫向驻南宁自治军副司令黄琦告密，韦拔群被捕入狱。

1923年春，韦拔群获释。回到东兰后，韦拔群在武篆北帝岩召开改造东兰同志会成员会议，决定将改造东兰同志会改为东兰公民会，积极发展会员，扩大组织，同时组建农民自卫军。会后，经过努力，全县许多区、乡纷纷建立了公民会和农民自卫团，县成立了农民自卫军，兵员达千余人，韦拔群任总指挥，下设东、南、西、北四路军，分别由覃孔贤、黄榜巍、黄大权、牙苏民指挥。

1923年初夏，韦拔群带领一群农民

△ 银海洲

宣布东兰公民会正式成立。农民举起大刀、长矛、土枪、棍棒，跟韦拔群一起对天盟誓："坐船同命，走路同心，打倒强权，铲尽不平！"革命口号震天动地，响彻云霄："不交租，不还债！""打倒帝国主义！打倒军阀！""打倒贪官污吏！打倒土豪劣绅！"

壮族自古以来就是个爱唱山歌的民族。在右江一带，唱山歌传达信息、表达情意极为流行。韦拔群抓住这一特点，先后自编了八十多首山歌，并号召亲属、妇女、战友等带头传唱，向人民群众宣传革命道理。

这样，韦拔群成了广西农民运动的先驱。

韦拔群还组织宣讲团，进行反军阀、反土豪劣绅、反贪官污吏、反苛捐杂税的宣传。

为了发动受苦最深的瑶族群众，他穿着草鞋，戴着斗笠，深入到瑶族群众居住的地区，向他们宣传革命道理，提出"不给山主抬轿、服役、送礼"等口号，受到瑶胞的热烈欢迎和拥戴。他们纷纷加入农民自治会，表示要跟韦拔群闹革命。

每次宣传讲演时，韦拔群总能抓住听众的心理特点，喜欢采用提问的方式，并通过形象的比喻、精致的口号、生动的语言启发听众思考，进行思想引导，起到了事半功倍的效果。

6月26日，韦拔群根据贫苦农民的控告和要求，带领公民会员和农民自卫军一百多人到东兰县城清算大土豪、六哨团总韦龙甫的罪行。由于县知事蒙元良勾结驻军营长罗颂纲出兵镇压，不仅解救了罪行累累的韦龙甫，而且还把七名农友投入监狱，清算斗争失利了。

残酷的现实使韦拔群清醒地认识到只有拿起枪杆子才能打倒军阀、打倒贪官污吏、打倒土豪劣绅。

7月1日，韦拔群率领农民自卫军四百多人分四路攻打东兰县城。因天降大雨，河水暴涨，韦拔群渡河受阻，只得率军撤退。

7月31日，韦拔群又率领农军八百多人分四路第二次攻打东兰县城。这次，因准备不充分，行动不协调，加上武器落后，攻城未克。

10月20日，韦拔群乘驻军罗颂纲营撤回百色，县知事蒙元良和大恶霸韦龙甫纠合全县地主豪绅武装聚集县城设防之机，率东兰、凤山、凌云、百色、都安、巴暮（现属天峨县）等地农军一千多人枪仍分四路第三次攻打东兰县城。经一昼夜激战，于次日拂晓占领县城。县知事蒙元良和六哨团总韦龙甫逃往凤山。

农军打开牢门释放了被关押的无辜群众，没收韦龙甫的财产分发给贫苦群众，同时在县城召开千人大会，庆祝胜利，追悼牺牲的战友，并宣布取消苛捐杂税，废除压迫剥削农民的契约，提倡民族平等，男女平权。

农军三打东兰县城的胜利，动摇了反动阶级在东兰的统治，揭开了右江农民武装斗争的序幕，轰动了整个广西。

农军三打东兰县城的胜利，引起了反动派的恐慌。驻百色桂军旅长刘日福接到农军攻占东兰县城的消息后，立即出兵镇压，东兰的民团土豪也趁机反扑。

在敌强我弱的情况下，农军不得不在占领县城28天后撤出县城，分散隐蔽起来。

不久，广西省长张其锽又听信刘日福和东兰贪官豪绅的诬告，下令通缉韦拔群等农运领导人。在农运转入低潮的形势下，虽然韦拔群坚信"强权虽猛，公理尤刚"、"兰民必有仰头之日"，但如何发展壮大农民武装斗争和如何建立和巩固人民政权一直是他的心病。

正当韦拔群犯难之际，获悉孙中山与中国共产党合作开展反帝反封建的革命斗争，并在广州开展一系列重大活动。这给苦苦求索中的韦拔群以巨大的鼓舞和力量，他决心到广州去找共产党。

东兰怒潮

（1924—1932）

→ 主办东兰农民运动讲习所

★★★★☆

（30-32 岁）

1924 年 8 月，韦拔群和战友陈伯民化装成商人，摆脱敌人的追踪，闯过沿途重重关卡，绕道贵州、云南，经越南、香港，于1925年1月到达广州，进入中国共产党主办的第三届广州农民运动讲习所学习。

在讲习所里，韦拔群结识了仰慕已久的农民运动领袖彭湃及陈延年、阮啸仙等共产党员。

在讲习所里，韦拔群如饥似渴地

学习革命理论和农运经验，认真总结在右江各地开展斗争的经验教训，不仅在思想上有了新的飞跃，人生观发生了根本性的变化，而且掌握了党的农运路线，也找到了过去农运失利的原因。

学习结业后，韦拔群和陈伯民被委

△ 毛泽东主办的农民运动讲习所旧址

任为中央农民部特派员，回广西开展农运工作。

这年5月，韦拔群回到广西后，许多好友都劝他留在城里干，而他却毅然选择了回右江地区闹革命的艰苦道路。

不久，广西当政的俞作柏和李明瑞发动反蒋战争，邓岗贯彻李立三提出的在中心城市开展武装暴动以夺取全国政权的错误方针，韦拔群则敢于提出自己的正确看法，并努力改变局面。

韦拔群广泛宣传，发动群众，积极开展农民运动，组织农会，将革命理论和广东农运经验用于东兰农民运动的实践，广泛组织农民协会和农民自卫军。

这年8月13日，韦拔群在武篆成立了广西第一个县级农民协会——东兰县农民协会，陈伯民担任主任，韦拔群担任军事部长，会员两万多人。

为了培养农运骨干，以适应右江地区各县农民运动发展的需要，韦拔群与陈伯民参照广州农民运动讲习所的做法，于同年9月15日在武篆北帝岩举办了广西最早的农民运动讲习所，韦拔群担任主任。

这所农民运动讲习所的学员来自右江、红水河地区的东兰、凤山、百色、凌云、奉议(今田阳)、恩隆(今田东)、思林(今属田东县)、果德(今属平果)、向都(今属天等)、都安、河池、南丹等12个县,总计276名。

为了培养更多的革命骨干,韦拔群又先后于1926年冬、1927年夏在武篆育才小学举办了两期农民运动讲习所。

这三期农民运动讲习所是按照广州农民运动讲习所的办学原则、方针和方法培训农民干部的新型学校,共为右江、红水河地区各县培训了近六百名农运骨干,促进了各地农民运动的蓬勃发展,为以后右江的农民运动、武装斗争和根据地的建立打下了基础。

在革命工作中,韦拔群不断读书,不断学习,并将革命理论和地方实际紧

△ 韦拔群在山洞中办的农民运动讲习所

密结合，深入第一线调查研究，提出了可行的、深受人民群众拥护的工作方法，创造性地发展了马列主义。

东兰农民运动讲习所是在第一次国共合作、革命统一战线形成、工农运动逐渐高涨的形势下筹办起来的。

1923 年 6 月，中国共产党在广州召开了第三次全国代表大会，正式确定和孙中山领导的中国国民党建立革命统一战线。1924 年 1 月，在中国共产党的帮助下，国民党在广州召开了第一次全国代表大会。孙中山重新解释了三民主义,确定了"联俄、联共、扶助农工"三大政策，改组了国民党。这样，国民党第一次全国代表大会标志着以国共两党作为基础的革命统一战线正式建立。改组后的国民党成了工人、农民、小资产阶级和民族资产阶级革命联盟的组织形式。

革命统一战线的建立，为我党公开组织工农群众运动提供了有利条件。东兰农民运动讲习所正是在这样有利的形势下由韦拔群着手筹办的。

东兰农民运动讲习所的开办，也是东兰广大贫苦农民革命斗争的迫切要求。东兰原是一个土州，土官对土民有生杀予夺之权，土民毫无人身自由，基本上处于农奴地位，有的甚至还处在奴隶地位。后来，虽然实行了改土归流，但一直保留着土司制度的残余。在那里，封建地主阶级、贪官污吏对农民进行敲骨吸髓的剥削。地主对农民的地租剥削高达农民全年收获量的三分之二或五分之三；高利贷剥削一般都是百分之百，到期不还还要利上加利。此外，地主豪绅对农民的超经济剥削也十分严重，逢年过节，佃户要向地主送礼，农民要给地主无偿地服劳役。反动政府、各路自治军、土豪劣绅、土匪互相勾结，向农民敲诈勒索，强加在农民头上的苛捐杂税竟有三十多种。

农民受压迫剥削愈深，革命反抗精神就愈强烈。他们在韦拔群的带领下，在与地主豪绅、贪官污吏进行的一系列斗争中，深感需要先进思想的指导，迫切要求学习革命理论。

1925年3月，韦拔群由广州回来后，在东里屯贫苦农民的支持下，经常划着竹排冒着风险进入东里小龙潭深处，在桐油灯下翻印从广州带回来的资料、文件和革命传单散发各地，以便宣传革命思想，提高各族群众的阶级觉悟，并为开办农民运动讲习所作思想上和资料上的准备。

同时，韦拔群积极进行经费上的筹备。要筹办农民运动讲习所，经费是十分困难的。为此，韦拔群变卖了家里的田产和爱人陪嫁的部分衣物，解决了一部分；东兰各乡农民协会也分担一部分；另外，还发动其他同志自愿量力捐助；通过和土豪劣绅作斗争，农民运动讲习所在武篆、江平开辟新圩场，征收少量捐税作为经费；韦拔群还带领学员艰苦

△ 广西农民运动讲习所东兰列宁岩

奋斗，自力更生，自己动手，解决经费不足的困难。

没有校舍，韦拔群因陋就简，就地取材，利用北帝岩作为农民运动讲习所的所址。

1930年，根据张云逸的建议，将北帝岩改为列宁岩。

1925年11月1日（农历九月十五日），东兰第一届农民运动讲习所在武篆区善学乡北帝岩正式开学。为了充分利用国共合作的组织形式以取得合法地位，正式命名为中国国民党东兰县农民运动讲习所。由韦拔群担任主任，陈伯明担任管理员。教员有黄大权、陈守和、黄树林等；军事教练有邓恒若、黄汉英等人。学员共276名，大多数来自东兰，也有来自凤山、百色、凌云、奉议、恩隆、思林、果德、都安、河池、南丹等县的。他们朝气蓬勃，大多是各地农民运动的骨干和决心献身于农民运动的青年。

农民运动讲习所门口是一个石砌的拱门，两侧贴有韦拔群亲笔写的对联："要革命的站拢来，不革命的走开去。"

拱门内的正中是揭示处，供学员出墙报或农民运动讲习所张贴文告之用，上面写有"快乐事业，莫如革命"几个大字。这表明韦拔群办所的指导思想是为了革命，而干革命又是人生最快乐的事业。

揭示处两边设有图书室、俱乐部。揭示处后面是大课堂。正中讲台上的对联是："地主豪绅将劳动群众当盘中餐，劳动群众把地主豪绅做枪靶。"这副对联一针见血地道出了土豪劣绅的凶恶面目，穷苦大众的反抗决心和打击目标。

课堂的左右两侧是用竹片编成的连铺床，供学员住宿之用。连铺床里端是教员的卧室。

岩洞内写有"劳动，互助，奋斗，牺牲"八个大字，还写有"思想革命化，行动纪律化，生活工农化"的标语，这实际上是农民运动讲习所的校训。

东兰农民运动讲习所开设的课程主

要有《各国革命史》、《苏俄概况》、《经济学常识》、《中国史概要》、《三民主义》、《法律常识》、《农民协会组织章程》，同时还学习外地农民运动经验、军事知识和有关妇女解放、革命音乐等常识。

教学内容除对学员进行革命基础知识和农民运动理论教育外，还对学员进行严格的军事训练。教学中十分注意理论联系实际的原则。

韦拔群规定每天上午坚持三讲两操，即三节理论课、早操和军事训练。下午学习讲演、参加野外军事演习或上山砍柴、开荒种菜。晚上讨论、自学或深入农村访贫问苦，进行社会调查。

每逢武篆、江平、三石三个圩日，学员要作街头宣传，利用讲演、山歌、传单、标语等形式号召群众团结起来打倒帝国主义、打倒军阀、打倒贪官污吏、打倒土豪劣绅，提倡民族平等、男女平权等等。

1925 年 11 月，农民运动讲习所学员参加了清算江平土豪龙显云贪污公款的斗争；同月 30 日，又粉碎了县知事妄图阻拦学员赴县参加县党部成立大会的阴谋，学员冲破军警封锁包围，齐集县署门前，高呼"打倒军阀"、"打倒贪官污吏"等口号。

农民运动讲习所学员理论联系实际，既学到了革命理论，又懂得了军事知识；既提高了思想觉悟，又接受了阶级斗争的锻炼和考验，进一步增强了从事农民运动的信心和决心，为以后开展

△ 广西农民运动讲习所的课堂和住所

农民运动打下了扎实的基础。

在农民运动讲习所里，韦拔群以身作则，教育学员努力学习，用心读书，刻苦锻炼身体，把自己培养成为经得起风吹雨打、智勇双全的农运干部。

北帝岩风冷雨寒，但韦拔群和学员一样不洗热水澡，带头到河边洗澡，从不烤火。学员黄举平，担心影响他的身体健康，就劝他洗热水澡，烤烤火。他都婉言谢绝了，并和蔼地解释说："冬季不冷就不像冬天，夏季不热就不叫夏天，革命人怕吃苦就不能革命。打仗的时候，哪能容你夏天撑把伞，冬天带个火笼呢？敌人更不会选定在天暖的日子来捣乱的。"他还说："革命人要锻炼出三个习惯来，第一个，立场坚定，意志刚强，不怕难，不怕死，坚决为党和人民的利益牺牲自己；第二个，要有个结实的身体，能跑能跳，能吃苦耐劳；第三个，对敌人斗争，要灵活英勇，大胆心细，变化无穷。只有这样的人，才能经得起风吹雨打，死难临头，也能昂然无畏，敢为革命奋斗到底。"黄举平听后，十分感动。

由于韦拔群严格要求学员，所以能为革命培养出一批忠心耿耿，视死如归，为党为人民奋斗终生的优秀干部。

为了反击地主豪绅、贪官污吏对学校的干扰和破坏，韦拔群领导农民运动讲习所学员针锋相对地和他们展开了武装斗争。

1925 年 11 月，江平乡土豪龙显云勾结杜瑶甫指使土匪在农民运动讲习所附近拦路抢劫，骚扰百姓，事后竟散布谣言说这是农民运动讲习所学员干的，妄图嫁祸于人，搞垮农民运动讲习所。

韦拔群查明情况后，立即于 11 月的一个晚上派遣军事教练黄汉英、邓恒若等带领学员前去找龙显云算账，准备给以应有的惩罚。龙显云畏罪潜逃，灰溜溜地躲进岩洞里藏身去了。

1925 年 11 月 21 日，东兰县知事黄守先、土豪龙显云等纠集县警、民团、土匪以及"红河护商勇"等反动武装，气势汹汹地进攻农民运动讲习所。农民运动讲习所师生临危不惧，英勇还击，在消灭了部分反动武装以后，即从山后秘密通道撤退转移。

黄守先等攻入岩洞后，大肆焚烧书籍、文具、行李，并捣毁各种设备，还焚烧了军事教练黄汉英的住宅。

22日，韦拔群率领农民运动讲习所学员和各区赴援农军三百多人，向黄守先等发起猛烈反击，黄守先等被击溃，仓皇退回东兰县城。学员们取得了自卫还击战的胜利，保卫了农民运动讲习所。

东兰第一届农民运动讲习所原准备学习六个月，但由于黄守先、龙显云等的破坏，阶级斗争越来越尖锐；同时，各地农民群众觉悟日益提高，也要求进行更大规模的斗争，急需农运干部。为了适应新的斗争形势，韦拔群决定将第一届农民运动讲习所提前在1926年1月结束。

学员们分别回到自己的县区去发动群众，组织农民协会和农民自卫军，更广泛深入开展反对地主豪绅和贪官污吏的斗争。

1926年9月，北伐战争胜利进军，全国工农运动日益高涨。为了适应革命形势迅猛发展的需要，培养更多的农运干部，韦拔群于1926年10月在武篆育才高等小学又办起了东兰第二届农民运动讲习所，后来曾迁到县城高等小学。

这届农民运动讲习所仍由韦拔群担当主任，陈洪涛、陈鼓涛等担任教员。由于有了第一届办所的经验，教学内容和方法更完善了。这届学员除招收男班八十多人以外，还开办了妇女干部训练班、青年干部训练班等等。

那时，妇女深受封建束缚，发动她们参加学习是极困难的。韦拔群亲自做宣传工作，千方百计发动妇女到农民运动讲习所学习，还动员自己的妻子和妹妹带头到农民运动讲习所学习。不久，妇女班很快发展到四十多人。妇女班除学习一般革命理论外，还增设了识字教学和有关妇女解放等课程。

学习期间，韦拔群指导学员到各屯进行宣传和组织农民协会等活动。1927年3月，第二届农民运动讲习所胜利结束。

1927年4月，蒋介石在上海发动了四·一二反革命政变，桂系军阀在南宁、梧州等地也开始了大逮捕、大屠杀，革命处于危急之中，但反革命的魔爪暂时还未伸到东兰。韦拔群为了争取时间，加速培养农运干部，又于1927年6月在武篆育才高小开办了东兰第三届农民运动讲习所。

这届农民运动讲习所仍由韦拔群当主任，邓恒若为副主任。学员二百二十多人，有部分女学员。学习生活安排仍同前两届，本届学员有两次重大的社会实践：

一是参加农军斗争武篆大地主梁士训。梁士训在农会成立后，暗中勾结其他土豪劣绅，仍向农民催租逼债，反动气焰极为嚣张。7月22日，梁士训被农军逮逋，次日在公审大会上被判枪决。农民运动讲习所学员积极参加了这场斗争。

二是协同农军参加凤山战斗。1927年8月，反动军官黄明远带领一个营的反动军队来凤山镇压农民运动。韦拔群闻讯，亲率农民运动讲习所学员到凤山协同农军参加战斗，予敌重创。

由于全国革命形势逆转，第一次国

△ 广西农民运动讲习所大门

内革命战争遭到失败，桂系军阀对东兰、凤山的农民运动已开始进行血腥镇压，反革命的风暴即将来临。于是，韦拔群主动结束了第三届农民运动讲习所。

东兰农民运动讲习所的开办为右江各族人民培养了一批农运骨干，他们有的成为红军和赤卫军的优秀指挥员，有的成为地方领导机关的优秀干部，绝大多数成为右江农民运动的骨干，为党建立了不朽的功勋。农民运动讲习所学员黄治峰英勇、果敢、顽强，屡立战功，曾任右江农民自卫军二路总指挥、右江赤卫军总指挥、红七军第四纵队司令、红七军二十师副师长等职。黄治峰在最后英勇就义时，表现出了共产党员不怕牺牲、视死如归的崇高气节。农民运动讲习所学员黄举平，原任黔桂边党委书记。当韦拔群遇难后，在东兰革命处于极端艰难的岁月中，黄举平毫无惧色地回到西山，迎着腥风血雨，出生入死，重新建立了革命武装和第一个党支部，领导东兰人民坚持长期斗争，直至全国革命的胜利。

东兰农民运动讲习所的开办有力地推动了右江农

民运动的开展。由于东兰农民运动讲习所培养了一批农民运动的骨干，他们回到各县、区以后，右江各县如东兰、奉议、凌云、果德、都安等地的农民运动蓬勃发展，风起云涌。各县都先后成立了农民协会，建立了农民自卫军。

广西农民运动发展最迅猛、规模最大的东兰，到 1926 年底，已有区农会十一个，乡农会一百三十四个，会员七万八千多人，占当时全省三十四个县农会会员总人数的百分之五十一。其中女会员两千六百八十五人。

这时，东兰县已有农民自卫军，区有自卫团，乡有自卫队。在"一切权力归农会"的口号下，斗争的锋芒直指土豪劣绅和贪官污吏，其势如暴风骤雨，席卷城乡，掀起了一场翻天覆地的农村大革命。

→ 蛟龙入海，大展宏图

（32—35 岁）

1926 年 11 月，中共在广西成立了中共东兰支部，韦拔群经严敏、陈勉恕介绍加入中国共产党。从此，在党的直接领导下，东兰农民运动进入了一个新的发展阶段。很快，全县有 11 个区、134 个乡建立了农民协会，会员达 8.7 万人，位居广西各县之首。

12 月 5 日，中共中央局在给共产国际的报告中称韦拔群"在东兰

△ 韦拔群居住过的房间

已成为海陆丰之彭湃，极得农民信仰"。

原来，1926 年 2 月，广西当局派百色驻军刘日福部龚寿仪率一个团的兵力到东兰，勾结县知事黄守先和大土豪杜瑶甫，先后在韦拔群家乡武篆及附近区、乡大肆烧杀劫掳，血腥镇压农民运动，制造了震惊全国的"东兰农民惨案"。

面对敌人惨无人道的屠杀和镇压，韦拔群一面率领农民自卫军退入西山，在西山成立东兰县革命委员会，继续领导各族人民英勇抗击敌人；一面利用当时国共合作的有利时机，以东兰县农民协会的名义向广州国民政府、国民党中央党部及广西党、政、军和社会各界发出《请看军阀官僚劣绅土豪烧杀东兰农民之惨状》的"快邮代电"，控诉军阀和官僚豪绅互相勾结镇压东兰农运的罪行，要求"惩办其惨杀农民烧掳农村之罪犯官僚"，"恢复农民运动讲习所"等。

与此同时，韦拔群还派陈伯民、陈守和两人到南宁先后向省党部的农民部、青年部和省党部执委、监委联席会议报告东兰农民被焚杀事件。

广西当局对省农民部长陈协五经实地调查形成的《广西东兰农民之惨案》不予理睬，对"东兰农民惨案"迟迟不作正确处理。

为摆脱困境，韦拔群率领四路农军一千多人攻下东兰县城，把勾结土豪劣绅与农军对抗的县知事黄祖瑜驱逐出东兰县境，将东兰县革命委员会从西山搬到县城办公。

经过东兰农民不屈不挠的斗争以及共产党人、国民党左派人士对东兰农友的声援和支持，广西省政府不得不派出以省党部青年部长陈勉恕（共产党员）为主任的东兰农案调查善后委员会到东

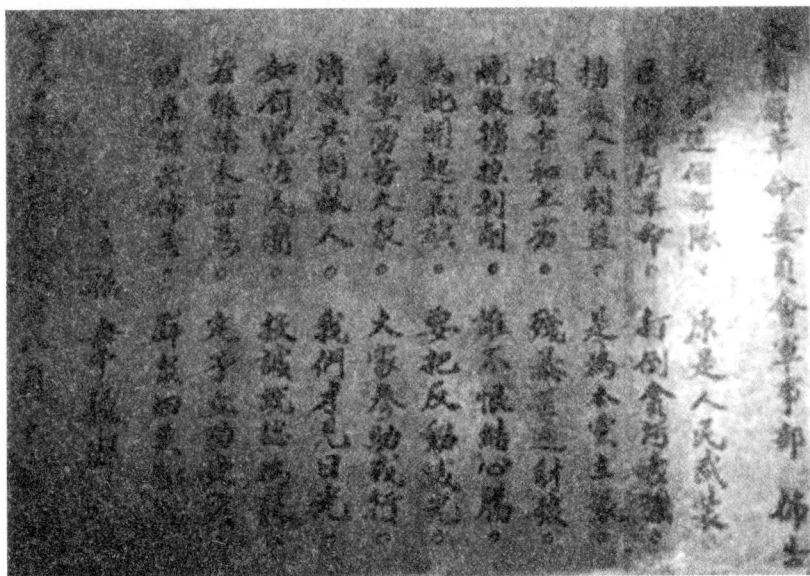

△ 韦拔群手书布告

兰进行调查，并由陈勉恕代理东兰县知事。

在铁的事实面前和社会各界的压力下，广西省政府被迫承认东兰农民运动的合法地位，表示将黄守先"交法庭讯办"，龚寿仪"由第七军司令部核查办理"，通缉杜瑶甫等五人并没收他们的财产。

在广西当局派调查善后委员会到东兰调查的同时，中共党组织利用中共党员陈勉恕任调查善后委员会主任并代理东兰县知事的有利条件，派严敏、陈洪涛、陈鼓涛等共产党员来到东兰协助陈勉恕指导农民运动，发展农军，建立党团组织。

这样，韦拔群才终于实现了夙愿，加入了党组织，如蛟龙入海，开始大展宏图了。

1927 年 4 月，以蒋介石为代表的国民党右派叛变革命，发动四·一 二反革命政变，大肆捕杀共产党人和革命人士，国共合作破裂了。

面对大革命的失败和蒋介石的屠杀政策，韦拔群以大无畏的英雄气概率领右江农军坚持公开的武装斗争。

6月，中共恩奉特支书记余少杰与田南道农运办事处主任韦拔群等在恩隆县七里区（今属巴马县）召开右江各县农运领导人会议，决定在没有和上级党组织取得联系之前，暂时成立"广西临时军政委员会"，统一领导田南道、镇南道和南宁道的武装斗争。会议选举余少杰、严敏、韦拔群等五人为委员会常委。

7月，余少杰在奉议县花茶村召开右江各县农军领导人会议，决定将右江地区农民自卫军整编为第一、第二、第三路军，韦拔群担任第一路军（东兰、凤山、凌云、百色农军）总指挥。

8月，新桂系军阀命令第七军第五师师长刘日福出兵镇压东兰、凤山农运。韦拔群闻讯后，立即在东兰县兰木召开紧急军事会议，决定将第一路农军整编为三个自卫团和一个独立大队，准备迎击来犯敌人。

敌军黄明远营首先进犯凤山，韦拔群亲自率领第三届农民运动讲习所一百多名学员到凤山社更乡迎击敌人。同时，命令黄大权率领第二自卫团在凤山县城南面的平乐阻击敌人，命令特务连、驳壳枪队在二、三都扰敌后方。8月17日，又令黄大权率领第二自卫团在凌云消灭劣绅武装。

右江第一路军及农民运动讲习所学员经过十余天的激战，拔除了敌军的外围据点，迫使黄明远营龟缩在凤山县城达一月之久。

后来，敌副师长朱维珍率龚寿仪团及林廷华团等数千人攻占东兰县城，并对农军实施分区"清剿"。韦拔群随机应变，立即率农军总部转移到东兰西山，指挥各地农军采取伏击战、夜袭战等游击战术，艰苦作战，机智勇敢地打击敌人。

1928年春，中共恩奉特支委员严敏到东兰向韦拔群传达中央和广东省委关于加强对东凤农民武装队伍的领导、发展农村游击战争等指示后，韦拔群指挥农军攻占了武篆、江平、太平等圩镇。

这年 6 月，韦拔群又将龚寿仪团余部逐回百色，粉碎了桂系军阀对东凤地区的重点"清剿"，并趁势开辟了以东兰武篆为中心，包括东兰、凤山、凌云及百色边境地区的农军游击区。

1929 年春，韦拔群又派干部到凤山、南丹、河池等地开展革命活动，组织农军第二次攻占南丹县吾隘、那地等圩镇，并组织了八个乡农会和农军。

同年夏天，韦拔群在东兰县太平区巴纳村召开东兰、凤山一千多名农民武装的动员大会，宣传革命形势，号召两县的农民武装加强联系，壮大队伍，进一步开展反抗国民党反动武装的斗争。从而为百色起义的举行和红七军、右江革命根据地的创建打下了牢固的基础。

→ 百色起义

★★★★★

（35 岁）

百色起义又叫右江暴动，韦拔群在百色起义中立了大功。

1929 年 12 月 11 日，邓小平、张云逸、韦拔群在广西百色组织领导的武装起义创造了中国工农红军第七军。这次起义是在南昌起义、秋收起义、广州起义的影响和鼓舞下，中国共产党在广西少数民族地区实行工农武装割据的一次光辉实践。

广西的形状就像一片扁宽的大桑叶，首府南宁在广西的西南部，北部有通往湘黔的重镇柳州，东部有通往广东的门户梧州，而左右江地区则在其西部。

从南宁往西，邕江分为南北两江，西北方向通向百色的叫右江，西南方向通向龙州的叫左江。左右两江之间的三角地带，称为左右江地区。百色距南宁约二百一十多公里，这里已非广西腹地，周围没有大镇，西边就是云南。龙州距南宁约一百五十公里，这里紧临我西南要塞镇南关（今凭祥市），对面跨过十多公里就是越南。

右江地区地处桂、滇、黔三省交界之地，是一个聚居着壮、汉、瑶等民族的多民族地区。大革命时期，韦拔群即在该地区的东兰、凤山两县建立了农民革命武装。在这里，我党领导的革命斗争即使在大革命失败后的白色恐怖时期也从未停息过。韦拔群和他的战友在右江地区打下的深厚的群众基础，为迎接邓小平、张云逸率领的革命武装部队的到来提供了极为有利的条件。

1927年底，广州起义失败后，一些参加起义的工人转入广西右江地区，与农民结合起来，进行游击战争。

1929年5月蒋桂战争结束后，新桂系军阀在蒋桂战争中失败。广西左派军人俞作柏、李明瑞分别担任了广西省政府主席和军事特派员兼绥靖公署主任，掌握广西军政大权。他们想与中国共产党合作，党中央便利用这一机会，派邓小平、陈豪人、张云逸、李谦等一批共产党员到广西，以邓小平为中央代表，负责广西党的工作，陈豪人为广西军委负责人，具体负责起义的组织和领导工作。根据中共中央的指示，陈豪人、张云逸等为加强统一战线，争取对军队的领导权，创造武装起义的条件。

这些人到广西后，通过与俞作柏、李明瑞建立的密切合作关系，将一批共产党员安排在政府和军队中担任重要职务：张云逸任广西省警备第四大队大队长兼教导总队副主任，俞作柏任广西省警备第五大队大队长，陈豪人任省政府机要秘书。

在共产党支持下，俞作柏、李明瑞给了东兰农民武装革命军以右江护商大队的正式名义，并调拨了几百支枪。

邓小平到广西后，除了兵运工作外，还和广西特委针对原广西中共地方组织十分零乱的状况，抓紧恢复和发展各地方组织，使广西地方党的组织逐级建立

△ 百色起义纪念馆

了联系，同时还举办党员学习班，出版了党内刊物。

这样，一个新的革命热潮在广西迅速发展起来。在全国革命形势处于低潮，在反动派一片白色恐怖之中，唯独广西出现了革命新高潮。

广西局势的发展引起了各界的重视，曾经支持俞作柏、李明瑞的蒋介石更加关切广西局势的发展。

1929年10月1日，俞作柏和李明瑞在南宁举行了反蒋誓师大会，发出通电，宣布俞作柏为讨蒋南路总司令，李明瑞为副司令。随后，俞作柏、李明瑞立即对其所辖各部队作了战斗部署，李明瑞还亲赴前线，指挥军队向广东进攻。

蒋介石分析了广西的形势，决定以收买方式瓦解俞作柏、李明瑞部队。很快，吕焕炎、杨腾辉和黄权等掌握实权的将领相继被收买，俞作柏、李明瑞这次反蒋不到十天就宣告失败了。

在俞作柏、李明瑞决定通电反蒋时，我党即客观地分析了形势，认为李明瑞只有三个师的兵力，内部又不统一，来广西立足未稳，政治、经济基础都很薄弱，因此这次反蒋一定会失败的。

俞作柏、李明瑞二人通电反蒋后，我党为了保存革命实力，以防不测，邓小平建议把我党已经控制的第四、第五警备大队和教导总队留下，担任保护后方的任务。经邓小平等人一再说服和坚持，俞作柏、李明瑞终于同意了这一方案。

俞作柏、李明瑞率大队出发后，邓小平与张云逸等立即着手准备应变。他们派四、五大队各一个营去左、右江地区先行准备武装起义的工作。在南宁，则利用张云逸兼任南宁警备司令的职权，接管了省军械库等机关，控制了五六千支步枪以及山炮、迫击炮、机枪、电台和堆积如山的弹药。同时，将汽船备好停在江边待用，作好一切应变准备。

幸亏有邓小平等共产党人的远见卓

识和未雨绸缪，否则，俞作柏、李明瑞将会全军覆没。俞作柏、李明瑞反蒋失败后，邓小平当机立断，决定即刻举行兵变，把部队拉出南宁，向左、右江地区转移，并以百色、龙州作为重点，重新开创局面。

△ 邓小平、张云逸、韦拔群领导了百色起义（油画）

这一决定经秘密电台上报上海的中共中央，得到了批准。

10月中旬的一天，入夜时分，南宁市区内枪声四起。兵变部队突然行动，打开了军械库，搬取了所有的枪械和弹药。第四大队、第五大队和教导总队在宣布行动后迅速撤离南宁。第四大队和教导总队的一小部分由张云逸率领沿右江逆流撤向西北方向的百色地区，第五大队由李明瑞、俞作豫率领沿左江撤向西南方向的龙州地区。

邓小平率领党委和地方做秘密工作的同志，指挥装满军械的船队和警卫部队沿水路溯右江上行，向百色地区进发。将眼下不用的重武器和弹药疏散到东兰、田东的山区，让韦拔群他们保存起来。这样，在邓小平和其他共产党人的精心安排和组织下，广西的党组织有效地保存了革命的有生力量，把部队转移到百色和龙州地区，为在不久的将来扛起红旗，成立红军和建立红色革命根据地提供了基本条件。

邓小平和他的同志一到百色，就积极进行政治工作和组织工作。根据当时当地的情况，立即筹划武装起义。这时，回上海向党中央请示工作的龚饮冰秘密回到百色，向邓小平他们传达了中央的指示。中央批准了邓小平他们的建议，要他们在广西左、右江地区创建根据地，创建红军，

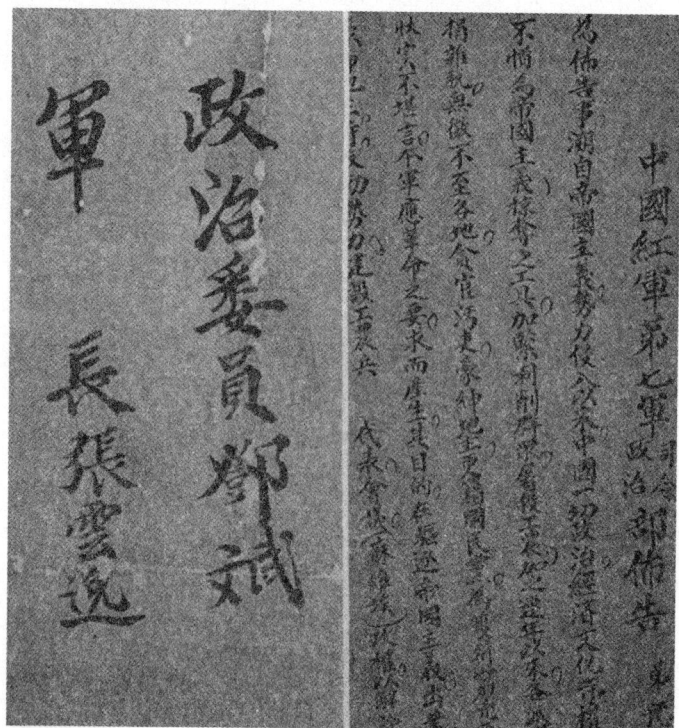

△ 由邓小平（当时化名）和张云逸署名发布的红七军司令部、政治部布告

△ 右江苏维埃政府旧址

颁给的番号是红七军，在左江地区的部队编为红八军。

12月11日，广州起义二周年纪念那天，邓小平、张云逸、韦拔群领导了百色起义，成立红七军和右江苏维埃。

此战，攻占百色县城，毙敌六百人，缴枪三百余支（挺），子弹两万余发。

按照党中央的任命，张云逸为军长，邓小平为政委。下辖三个纵队：第一纵队司令李谦，政治部主任沈静斋；第二纵队司令胡斌，政治部主任袁任远；第三纵队司令韦拔群，政治部主任李朴。

第二天，召开了右江地区第一届工农兵代表会议，选举产生了右江苏维埃政府，雷经天任主席，韦拔群、陈洪涛等为委员。

红七军成立后，建立了前敌委员会，中央代表邓小平为书记，张云逸、陈豪人、韦拔群、雷经天、李谦、何世昌等为委员，统一领导部队和地方的工作。

1930年2月1日，广西左江人民革命起义在龙州爆发了。在古龙州城上，竖起了铁锤镰刀的红旗。

百色起义和龙州起义后，左右江区域二十个县，一百多万人口，成为当时全国瞩目的红色革命根据地之一。

右江苏维埃政府成立后，右江地区开始分配土地。

参加起义的人员除了中共派来的骨干外，主要是由张云逸和李谦掌握的广西国民政府警备第四大队的三个营和南宁军官教导总队的一部分，加上来自恩隆、奉议、思林和凌云等县的农民自卫军，约三千人，以及韦拔群领导的东兰、凤山农军，加上百色的农民自卫军，约一千多人。

△ 红七军军部旧址

韦拔群在百色起义中的贡献是巨大的：

（一）创办广西农民运动讲习所，为百色起义的胜利在思想政治上奠定了良好的基础。革命导师列宁说："没有革命的理论，就不会有革命的运动。"韦拔群和他的战友们在列宁岩的讲台上宣传马列主义，武装农民运动骨干的思想，使马列主义在右江一带得到传播。革命理论的传播，为百色起义的胜利在思想政治上奠定了良好的基础。百色起义的胜利是列宁岩光辉照耀的结果，是韦拔群精神培育的结果。

（二）组建和训练农民自卫军，为百色起义的胜利在武装力量上奠定了良好的基础。1927年国民党叛变革命后，东兰县人民与左右江各族人民和全国人民一样，在中国共产党的领导下，展开土地革命运动，打土豪分田地，建立苏维埃政权。为贯彻党的政治路线和保卫分田的胜利，农民自卫军从此产生并开始了群众性的武装斗争。韦拔群领导农民自卫军在东兰、凤山一带坚持游击战争，消灭了大部分的地主武装，还有一小部分驻守山寨顽抗。要彻底消灭敌人，以当时

△ 莫文骅《回忆红七军》书影

农民自卫军的武器条件，不可能解决。
在这个关键时刻，县里接到通知，要派
人到百色张云逸督办处领枪炮。去领枪
炮的自卫军官兵一要身强力壮，能坚持

步行；二是个人自愿，能吃苦耐劳。各区领枪炮的官兵到县城集中后，全队约一千人，浩浩荡荡地开往百色。经过六天的日夜行军，到达目的地。领到枪炮后，返回东兰，枪炮集中在县机关统一分配。领到枪炮的农民自卫军战士高兴万分，韦拔群按照部队的要求抓紧训练农民自卫军。后来，韦拔群带领这支农民自卫军参加了百色起义。这支农民自卫军神勇无比，保证了百色起义的胜利。

莫文骅在《回忆红七军》一书中说，韦拔群同志率领的、坚持几年游击战争的队伍约八百人编为红七军第三纵队。韦拔群组建和训练的农民自卫军是一支艰苦奋斗、百折不挠的革命武装队伍。在河池整编时，第三纵队编为中国工农红军第七军第二十一师，师长是韦拔群。韦拔群组建的农民自卫军为百色起义的胜利在武装力量上奠定了良好的基础。

留守右江根据地

★★★★★

（36—38岁）

1929 年 12 月 11 日，邓小平与张云逸、韦拔群等同志组织领导的百色起义标志着右江革命进入了新的阶段。

1930 年 4 月，中共红七军前委在东兰县武篆区旧州屯举办党员训练班，招收五十多个党员干部前来学习。前委书记邓小平和前委委员雷经天都亲自给学员讲课。邓小平还亲自动手编写了《苏维埃的组织和任务》、《土地革命的政策和口号》等教材。身为红七军第三纵队司令的韦拔群，不是训练班的学员。他尽管工作忙，任务重，但每当邓小平、雷经天讲课时，他都抽出时间到班上听课，并认真记笔记，有时还替邓小平、雷经天当翻译。

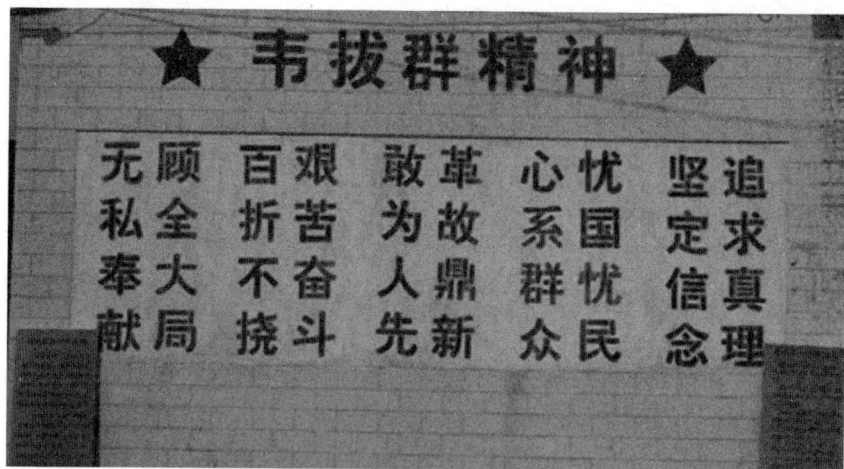

△ 河池人民总结出的"韦拔群精神"

韦拔群这种虚心学习的精神极大地鼓舞了训练班的学员，他们都以韦拔群为榜样，刻苦学习，认真听课，又快又好地完成了学习任务。

正当左右江革命根据地逐渐扩大时，中共中央政治局会议于1930年6月通过了《新的革命高潮与一省或几省的首先胜利》的决议。"左"倾领导人认为革命形势已经成熟，全国各地都应准备马上起义，中心城市必须首先发动，以形成全国革命高潮的中心，并认为一省或数省的胜利的开始即是向社会主义革命转变的开始。

在这些"左"倾错误思想指导下，制订了组织全国中心城市的总起义和全国红军向中心城市总进攻的冒险计划。

中共南方局代表带着贯彻"左"倾路线的中央指示来到广西，在10月2日邓小平主持召开的红七军前委扩大会议上传达了中央政治局决议，批示红七军离开左右江地区，攻打柳州、桂林、广州等大城市，争取在武汉中心城市开花；要求红七军在小北江建立根据地，阻止两广军阀向北增援，夺取一省或数省的胜利。

"左"倾路线在红七军中首先遭到邓小平、韦拔群、张云逸等人的怀疑，雷经天更是激烈反对。为此，雷经天被撤销了一切职务，并被开除了党籍。

南方局代表在会上传达了中央政治局6月11日的决议精神，决定执行中央政治局决议精神，将红七军下辖的三个纵队分别改为十九、二十、二十一三个师，全军主力北上打柳州、桂林等城市，二十一师由师长韦拔群、政委陈洪涛等在右江重建，作为一军的基础留守右江。

这个决定对韦拔群既是信任和重托，又是很大的压力。邓小平、张云逸认为中央决议精神是不切合实际的，但为了顾全大局，不得不表示赞成。这时，邓小平深感韦拔群肩上担子太重，困难太大。

11月，红七军在河池进行整编，韦拔群按照军前委的决定，把二十一师的绝大部分官兵和装备分别编入十九、二十师随军北上，他只留下八十个指战员和二十一师的番号。

韦拔群深知红军主力北上后留守右江根据地将十分艰难，但他以党的利益和革命大局为重，胸怀全局，坚决服从前委的决定。

在誓师大会上，张云逸军长向大家介绍了传奇式的壮族英雄韦拔群。当地群众早就听说过韦拔群的传奇故事，顿时欢声雷动。在大会上，针对在一些战士中存在的留恋家乡、难舍家乡的现象，韦拔群在讲台上激动地讲出了自己的肺腑之言："我们是共产党领导的队伍，要无条件地执行党交给的一切任务；我们是光荣的工农红军的一员，要无条件地为天下的工农利益去战斗。革命者处处都是家乡，我们的目的就是解放全中国、全人类。希望你们出征后，在党的领导下，不畏艰险，不怕困难，英勇杀敌，将来必定会胜利地打回家乡来。我们也一定要用鲜血和生命，保卫右江革命根据地，用战斗迎接同志们凯旋！"

临行时，邓小平和韦拔群依依不舍，握手言别，还让张云逸军长带领一个连把韦拔群送到20里外的宜龙才分手。

"左"倾路线在红七军贯彻执行后，由于敌强我弱的残酷现实，红七军的军事行动接连受挫。1931年1月2日，邓小平、李明瑞、张云逸率领红七军进入全州，于次日在全州关岳庙内召开前敌委员会会议，就部队今后的去向问题展开了激烈的争论。

会上，有人仍不顾当时敌强我弱的实际情况，还想盲目地执行中央批示去攻打桂林；也有人早就看到攻打大城市是不妥当的，只是因为下级要服从上级，不得不执行"左"倾机会主义路线。

邓小平在会上极力主张放弃攻打大城市，转而去与朱毛红军会合。

前委大多数同志在事实面前总结了前段的经验教训，否决了盲目执行"左"倾错误路线的做法，赞同邓小平的主张。

这次会议抛弃了"左"倾冒险计划，决定去湘、粤、赣革命根据地与朱毛红军会合，从而扭转了危局，挽救了红七军，成为红七军历史上生死攸关的伟大转折，被誉为红七军历史上的"小遵义会议"。

韦拔群回到东兰后，立即与政委陈洪涛、副师长黄松坚等研究组建二十一师和巩固根据地的工作，决定将东兰、凤山、都安、恩隆、奉议、果德等县的赤卫军常备营三千多人编到二十一师来，再由各县新建赤卫军常备营。

留守战士大多都是东兰、凤山人，晚上他们开了个篝火晚会，拔群带头唱起了山歌：

要想擒龙就下海，

要想打虎就上山，

穷人要想得解放，

革命一步一重天。

男儿有志出征去，

壮士杀敌路艰难，

要想擒龙就下海，

要想打虎就上山。

战士有泪不轻弹，

高山是腰地是胆，

穷人要想得解放，

革命一步一重天……

在茫茫夜色中，战士们也用山歌回答他们敬爱的

人：

阿哥生就英雄汉，

不怕地来不怕天。

敢把老虎当马骑，

敢剥龙皮做渔船。

砍头只当风吹帽，

洒血只当水花溅。

阿哥生就英雄汉，

不怕地来不怕天。

阿妹在家养父母，

阿哥远征把敌歼。

敢把老虎当马骑，

敢剥龙皮做渔船。

经过短时间的紧张工作，1931年1月上旬，在恩隆县乙圩（现属巴马县）召开二十一师成立大会。部队由原来留下的不足一个连扩大到四个团（即六十一团、六十二团、六十三团、独立团）和一个独立营，分布在东兰、凤山、恩隆、奉议、思林、果德、百色、南丹、都安一带，准备坚持长期游击斗争。

3月中旬，新桂系军阀白崇禧趁红七军主力北上、右江革命根据地兵力薄弱之机，调派第七军副军长（后为军长）

廖磊指挥一万多兵力，分别从东、西、北三面大举对东兰、凤山革命根据地进行空前残酷的反革命"围剿"。

敌人采取步步为营、分进合击的战术，命令东兰、凤山、凌云等县民团配合，摆下大包围的阵势，扬言要在三个月内摧毁东凤根据地。

韦拔群等临危不惧，率领军民积极防御，避开敌人锋芒，运用"敌少我打，敌多我旋"的灵活机动战术，集中优势兵力，发挥土地雷的作用，抗击进犯之敌。同时要求各级苏维埃政府动员群众坚壁清野，配合红军打击敌人，并制定了惩处动摇、变节分子的十二条法令，使敌人失去耳目。

3月中旬，敌人攻占东兰县城后，将指挥所移驻武篆，实行分区搜剿，集中兵力重点向西山、中山和东山大举进犯，大肆烧杀掳掠，铲除庄稼，遇水投毒，无恶不作。

韦拔群动员军民进一步坚壁清野，在内线坚守扰敌，在外线游击歼敌，使敌人缺粮断炊，处处扑空，时常受红军小分队的袭击，进退两难。

韦拔群采用"离间计"挑起桂军与黔军的矛盾，使黔军王海平率部哗变，向桂军开火。桂军被迫调兵对付黔军，韦拔群趁机率部四处出击，消灭敌人。

韦拔群领导的东凤军民经过两个月艰苦卓绝的斗争，取得了第一次反"围剿"的胜利。

8月初，中共广东省委派陈道生到东兰西山，传达中央关于纠正"左"倾冒险主义错误和整顿红军、改组地方革命政权等重要指示。接着，中共右江特委、红二十一师党委在东兰县泗孟乡丘拔屯召开会议，将二十一师改为中国工农红军独立第三师（也称右江独立师），保留原来三个团的建制，韦拔群任师长，陈洪涛任政委兼师党委书记。将右江苏维埃政府改为右江革命委员会（黄举平任主席），各县苏维埃政府也改为县革命委员会,并决定整顿队伍,继续开展反"围剿"斗争。

8月中下旬,韦拔群、陈洪涛等率师部直属部队和六十一团共800名战士从西山转入东山、苏托、苏邦、麻品峒一带整训。

9月14日,韦拔群指挥红军和东兰坡豪区赤卫队在牙满屯伏击敌"东凤剿匪军"副司令陈儒珍率领的民团,迫其败回东兰县城。

月底,韦拔群又率部向都安、河池地区游击,宣传发动群众,并攻占都安九顿圩(今都安大兴)蒙元彩团局。在回师西山途中,又捣毁了荫圩、凤凰团局。

1931年11月7日至20日,在江西瑞金召开的中华工农兵苏维埃第一次全国代表大会,选举产生了以毛泽东为主席的中华苏维埃共和国中央执行委员会(即临时中央政府),韦拔群当选为委员。

11月中旬,桂系军阀联合粤军张发奎调集正规军四个团和各县民团共七千多人,对东凤革命根据地发动第二次"围剿",重点目标仍是西山、中山和东山。

韦拔群指挥红军采取避实就虚的游击战术,利用山区有利地形，灵活机动地袭击敌人，使敌人进山后找不到红军主力，多次空手而归。

年底，参加"围剿"的粤军两个团借故撤离，敌人摧毁东凤根据地的计划流产了，但根据地仍在敌人的围困中。

面对红军武器装备和粮食供应困难、部队减员严重的情况，韦拔群于1932年1月中旬在西山朝马峒召开右江特委和独立师党委扩大会议，决定缩编队伍，化整为零，取消团、营、连编制，把多余枪支集中埋藏起来，把骨干分子组成十个杀奸团，每团三十人左右，分散在各地杀奸肃特，袭击敌人。

不久，韦拔群又建立了巴暮独立营、都邑瑶族独立营、西山瑶族独立营和东山瑶族独立营，在保卫根据地的斗争中发挥了积极的作用。

1932年3月中旬，由于根据地的形势进一步恶化，为摆脱困境，保存力量，挽救红军，右江特委和师党委在西山弄京果六峒召开紧急会议，讨论通过了韦拔群提出的向外发展的计划，决定抽调三十多名骨干编为两个组，分别由黄松坚、黄举平等带领到右江下游和黔桂边区恢复根据地及开辟新游击区。

4月，韦拔群率师部转移到西山弄岩、弄统。敌人多次对西山进行搜剿，妄图捕杀韦拔群等领导人，均毫无结果。

8月，桂系军阀增派一万多兵力，由集团军副司令白崇禧亲自谋划、督战，军长廖磊任前线总指挥，对东凤根据地发动第三次更加残酷的"围剿"。敌人采取"缩网收鱼"的狠毒策略，步步为营，节节搜索逼进，并继续实行"杀光、烧光、抢光、掳光、铲光"的"血洗政策"，还把西山周围的群众驱赶到"集中营"强行管制，切断群众与红军的联系，妄图将红军烧死、饿死、困死。

在这艰苦的岁月里，韦拔群和陈洪涛始终坚守西山，转战在大石山的丛林中，和战士、群众一起，以野菜充饥，以辣椒当盐，以岩洞栖身，以革命乐观主义精神，率领红军指战员与敌人进行英勇的斗争。

→ 遇 难

★★★★★

（38 岁）

1932 年 5 月，时任东兰县县长兼东凤"剿匪"司令的国民党少将李瑞熊率领一万多人到东兰、凤山围剿红七军驻留右江革命根据地的队伍。

早在 1931 年，国民党广西省政府就开出一万元的价码，悬赏缉拿红七军二十一师师长韦拔群。

韦拔群在右江地区深受农民爱戴，没有人出卖他。加上革命队伍依仗大石山区山高洞多的特点，与国民党军巧妙周旋，国民党的"围剿"计划一再破灭。

为了抓到韦拔群，桂系军长廖磊曾张贴布告："谁能捉到韦拔群，赏红花（红花指当时的花边银元）七千！"

韦拔群看了布告后，不屑地一笑，挥笔写下标语让红军战士张贴回应道："谁砍得廖磊狗头，赏铜板一个！"廖磊见后气得七窍生烟。

1932 年 5 月 19 日《南宁民国日报》头版显眼位置刊登了一条消息："十八日晚十一时半本省东兰电台来电，共匪首领韦拔群，被生擒。"两天后，国民党还在报纸上刊发了"韦拔群被擒证实，十八日在武篆芭峒擒获，将解百色正法"的报道。

消息一出，万众震惊。

不料，过了 20 天，《南宁民国日报》又刊发了"东兰县长请派精兵剿韦拔群"的文章。原来，为解决经济困难，韦拔群利用敌人的赏格，派人诈称卫士队反叛捉到了韦拔群，只要国民党给钱即可交人。当地民团派人看过后，回说属实，国民党东兰县的县长便先筹款 2000 元派人送到交换地点。结果来人中埋伏被击毙，钱也全数被韦拔群的人夺下。不明真相的国民党为了邀功，抢先在报纸上发布抓到韦拔群的"战果"，结果闹了一个大笑话。敌人赔了夫人又折兵，自然恼羞成怒，要下狠手了。

国民党反动派提高了抓捕韦拔群的悬赏，还派出特务前往西山地区到处搜寻韦拔群。他们还使出最毒辣的一招，那就是收买韦拔群身边的人。

为了抓到韦拔群，国民党百色民团指挥部上尉参谋刘治带兵化装成平民百姓，在东兰、巴马、凤山、果化一带四处查找韦拔群的下落。后来，他们查到了韦拔群警卫队长韦昂的小老婆陈的伯的住所，就秘密抓捕了她。刘治对陈的伯刑讯逼供，她受不了酷刑，就答应了刘治的要求：由她引韦昂出来，劝说韦昂借机杀害韦拔群。

陈的伯被放回家后，设法寻找在山中与韦拔群一起躲避国民党军"围剿"的韦昂，让他回到东兰县东里屯的山上见面。韦昂赶来与陈的伯见面，结果被埋伏在那里的刘治抓获。

韦昂被捕后，受了酷刑，虽经百般折磨，但他并没有屈服。见硬的不行，国民党军便利诱说："只要把韦拔群的人头送到东兰县国民党指挥部武篆魁星楼，就将位于柳州的一栋洋楼送给韦昂夫妇，另外还可以得到几万块花红。"在厚利的诱惑下，韦昂最终成为了历史的罪人。

这时，在国民党的重兵"围剿"下，革命队伍已被打散。韦拔群平时只带贴身警卫员罗日块躲藏于山中。为了围捕韦拔群，国民党反动军队和民团把当地群众驱赶到村里，集中居住，断绝了韦拔群的粮食供应。不幸的是，偏巧在这时，由于山中蚊子多，韦拔群患上了疟疾，再加上劳累过度和营养不良，他病得很重，行动极不方便。

韦昂、陈的伯夫妇被秘密放出来后，设法联系上了韦拔群。韦昂是韦拔群的警卫队长，二人又是同村人，论辈分韦拔群还是韦昂的堂叔，再加上韦昂作战勇敢，因此韦拔群并没有怀疑已经叛变了的韦昂。韦昂假意关切地说："叔叔，你身体有病，又没东西吃，不如住到东里屯的凉风洞（也称双法峒、赏茶洞，即今巴马西山香刷洞）中，我和陈的伯找中药为你治病，带鸡肉、糯米饭来给你补身子。"韦拔群听了他的话，和警卫员转移到凉风洞中。

1932 年 10 月 18 日，韦拔群和警卫员罗日块在凉风洞与红七军二十一师政委陈洪涛开会，商量好带部队向贵州转移的方案后，就在洞中等待韦昂。陈洪涛则带着警卫员转移到别的山洞中躲藏。

△ 韦拔群被害的地方

△ 香刷洞边的韦拔群雕像

此时已是深秋，山上寒气逼人，韦拔群正患疟疾，身上忽冷忽热，十分痛苦。

韦昂和陈的伯来到山洞后，先喂了韦拔群一碗中药，又从背篓中取出菜刀和已煮熟的鸡，切肉给韦拔群和罗日块吃。

吃饱以后，生病的韦拔群在洞中的

竹板床上睡下。临睡前，他还将自己随身携带的驳壳枪枕在头下，而罗日块则到洞口警戒，提防国民党军前来偷袭。

快到 10 月 19 日凌晨时，韦昂还没有下手。他想到要对朝夕相处、群众爱戴的革命领袖下手，总是犹豫不决。陈的伯见韦昂迟迟不下手，就催他赶紧动手。这时，韦昂一狠心，突然从韦拔群头下抽出驳壳枪，朝他的头部连开两枪。

听到枪声，罗日块返回洞中，结果被韦昂用枪顶住胸口，身上的枪也被缴下。韦昂手持双枪，逼罗日块用刀将韦拔群的脑袋砍下，装入背篓，并逼罗日块连夜背下西山，交到了在武篆驻守的国民党军手中。

收到韦拔群头颅的国民党军如获至宝，他们先是敲锣打鼓提头游街示众，随后又将人头挂到武篆魁星楼上示众。

韦拔群头颅送到东兰后，廖磊命人用药水对头颅进行浸泡处理，然后放在玻璃鱼缸中运到百色、南宁、柳州、桂林、梧州等地示众，用以恐吓支持革命的人民。

→ 为烈士报仇

★★★★★

　　1960 年初，一封来自革命老区东兰的信摆在了自治区公安厅厅长钟枫的案头，写信的人是老红军战士、时任东兰县副县长的杨正规。杨正规在信中说全国已经解放十多年了，而当年杀害韦拔群烈士的凶手却仍然逍遥法外，请公安部门派人缉捕凶手，早日为烈士报仇。

　　钟枫看到这封信后很生气。当时，东兰县归百色专区管辖，他立即打电话责问百色专区公安处负责人："解放都十多年了，怎么还没抓到杀害韦拔群烈士的凶手？"

钟枫要求百色专区公安处立即组织人员破案，为烈士报仇。

对于来自公安厅的破案命令，百色专区公安处和东兰县公安局十分为难。

当时，正值国民党反动派叫嚣反攻大陆，地方公安部门应对反革命和国民党特务分子的任务很重，抽不出人手去追查谋害韦拔群的凶手。于是，百色专区公安处向公安厅打报告，请求公安厅选派破案经验丰富的侦查人员到东兰破案。

经过研究，公安厅领导决定派樊恒荣到东兰破案，任务就是追查当年谋害韦拔群的凶手的下落，将他们捉拿归案。解放后，樊恒荣一直在公安系统工作，1960年担任公安厅看守所所长，有丰富的刑事侦查经验。

二十多年前的积案，侦破起来很不容易，樊恒荣决定从国民党内部寻找线索，于是韦拔群被害时的国民党县长徐家豫就成了突破口。这时，徐家豫正关押在南宁茅桥监狱里。解放后，因为曾参加镇压工农革命运动，徐家豫被人民法院判处有期徒刑十五年。

面对公安人员的审讯，徐家豫交代了当年国民党反动派阴谋杀害韦拔群的过程，并供出了参与谋害韦拔群的凶手：韦拔群警卫队队长韦昂、韦昂的小老婆陈的伯（陈的白）、国民党百色民团指挥部上尉参谋刘治。

1960年9月13日，樊恒荣赶到东兰实地调查。当时，工作太困难了，整个公安局的交通工具只有三匹马，最好的两匹就配置给樊恒荣去破案，剩下一匹给局里日常公干用。

樊恒荣和他的战友陆宗祥在41天时间里走遍了东兰的每一个公社，还先后到了都安、巴马等地。骑了几十天的马，屁股上都长出了一层老茧。

△ 毛主席到广西视察，左二是负责保护毛主席安全的钟枫。

　　樊恒荣和陆宗祥先后访问了大量在
职干部、革命老同志和群众，并讯问了
在押犯人148人，搜集到了大量证人提
供的证词和证据。

　　谋害韦拔群的凶手已经锁定，接下

来是抓捕他们的时候了。但时隔28年，有谁知道刘治、韦昂和陈的伯的下落呢？

经过调查，樊恒荣和陆宗祥得知刘治是田阳县田州镇人，在田阳结过婚。

他们赶到刘治在田阳的老家，发现他的老婆还活着。解放前几年，刘治就已多年没回过田阳，他的老婆声称她自己也不知道刘治去哪里了。

仅有的线索不能就这样断了，樊恒荣决定通过当地妇联做工作。妇联派人给刘治的老婆买东西改善生活，还帮她治病，逐渐和她建立了感情。一天，一位妇联干部对刘治老婆说："你六十多岁了，身体有病，你丈夫也应该回来看你一下才是。"刘治老婆听后，叹了一口气说："他解放前就隐姓埋名，听说到德保和田阳交界的山区里当了上门女婿，在哪个公社我也不知道，哪还能来看我啊？"

得到这个线索后，田阳县公安局立即通知田阳和德保交界的所有公社，派公安特派员在各自的公社秘密摸底，寻找一个高个子、高额头、高鼻梁、长方形脸的六十岁左右的上门女婿。

不久，一个公社的公安特派员报告称要找的人找到了。这人平时在自己房子旁边的大榕树下，向从德保去田州镇赶圩的村民卖粥。

樊恒荣和陆宗祥接到信息后作了比对，确认这个卖粥老汉就是刘治。

在研究抓捕方案时，田阳县公安局负责人说卖粥老汉所在生产队牵涉到一件反革命案，村里有人与国民党特务要配合蒋介石反攻大陆，公安部门尚未掌握全部涉案人员，如果公开抓捕卖粥老汉可能打草惊蛇，甚至会导致抓捕失败，只能秘密抓捕。

由于经济困难，当时田阳农村有很多人患了浮肿病，百色专区医院正派下乡医疗队为村民治病。经过研究决定，樊恒荣化装成医院内外科张主任，陆宗祥则假扮成内科主治医师黄医生，进村与刘治接触，借机秘密逮捕他。

樊恒荣和陆宗祥经过精心准备后，挑个日子，穿着医用白大褂，背着药箱来到了卖粥老汉所在的村子。但是，直到下午5时左右，仍然没见到卖粥老汉来治病。

就在樊恒荣和陆宗祥准备离开村子时，忽见卖粥老汉跑过来请医生帮他检查身体。检查后，樊恒荣发现他患有浮肿病和疝气，就动员他去公社卫生所做全面检查。卖粥老汉显得很不情愿，问是否能改天去。樊恒荣说："我们是专区医院派下来的，回去以后就不来了。"卖粥老汉听了，回家和老婆商量后，简单吃了点儿东西，就拿了几件衣服与樊恒荣他们上路了。

按照事先部署，三人刚到公社卫生所门口，就有假扮成卫生所所长的公安特派员出来接应。

"卫生所所长"一见樊恒荣，就急着问："哎呀，张主任你怎么才回来啊？"接着又说："书记打了好几次电话，催你回县城为病人动手术呢。"

樊恒荣听了就对卖粥老汉说："老人家，我们今晚要连夜赶回县医院。那里条件更好，如果你愿意去的话就带你一起去；如果不愿意，你就留在公社卫生所好了。"

卖粥老汉一听，急忙表示愿意去县医院。

当晚，三人乘坐纤夫拉的船溯右江而上，连夜赶往县城。

第二天天刚亮，三人就到了田阳县城。樊恒荣和陆宗祥带着卖粥老汉到了公安局门口，卖粥老汉一看到大门上的牌子才明白过来。

面对诸多证据，卖粥老汉承认自己就是刘治。

随后，刘治被押到东兰县看守所关押。经过审问，刘治供认了曾与徐家豫一起杀害红军战士，说服陈的伯与韦昂杀害韦拔群等罪行。

经过调查，公安人员得知当年韦昂和陈的伯将韦拔群头颅送给国民党后，被国民党送到柳州居住。韦昂和陈的伯到了柳州后，国民党并没有按照当初的协议给几万元赏钱和一栋洋楼，而只给他们洋楼中的一间房子居住，原来承诺的几万大洋也只兑现了一小部分。有了钱后，韦昂整日嫖妓赌博，陈的伯天天吃喝玩乐，二人很快将赏金花光了。1939年，侵华日军飞机频繁到柳州轰炸，韦昂夫妇偷偷潜回河池，靠砍柴烧炭为生。

回到河池不久，为了替烈士报仇，滇桂黔边纵十支队三十五大队副大队长容让派人埋伏在韦昂必经之路旁将其击毙。

樊恒荣和陆宗祥抓捕刘治之前，自治区公安厅侦查员李柏枝走访东兰、巴马、凤山、柳州等地的群众，得知陈的伯改嫁到了融水，住在县城里的一条臭水沟旁。

陈的伯归案后，交代了自己被国民党县长李瑞熊等人策反，并说服韦昂杀害韦拔群的罪行。

经过检察院起诉，刘治和陈的伯被东兰县人民法院判处死刑。

➡ 韦拔群头颅埋藏之谜

★★★★★

韦拔群牺牲后，叛徒把韦拔群的头颅送给廖磊。国民党反动派狂喜不已，把韦拔群的头颅放在一个玻璃金鱼缸内，用防腐药水泡着，相继在东兰、百色、南宁、柳州、梧州等地示众。

韦拔群头颅在梧州大校场示众三天后，便不知去向了。

1950 年，中共广西省委和省人民政府为了寻找韦拔群烈士的头颅，曾指示有关部门进行深入调查。

梧州市文化局接到上级通知后，立即组织人力进行了广泛的宣传和细致的查访工作。

为了获得线索，他们查阅了大量史料，召开了文史工作者和老工人座谈会。不久，他们获得了线索，证明国民党时期编写的《东兰痛史》记载的"韦拔群的头颅最后转到梧州，埋于梧州之公园"这一段是属实的。

但是，梧州中山公园范围太大了，烈士的头颅究竟埋于何处仍然是个谜。

后来，经过十年查访，终于在 1961 年 12 月找到了知情人。这人是梧州市园林处退休工人周十五。

周十五回忆说："1933 年春的一天，我亲眼看见过在大校场示众的人头。人头满脸黑胡须，装在玻璃金鱼缸内，用药水泡着。玻璃金鱼缸放在一把竖立的平梯上面，引得许多人围观。我不识字，不知道是谁的头颅，只听围观的人说是共产党的大头目。在一个大风

△ 韦拔群烈士墓

雨过后的早晨，我的一位在梧州中山公
园做杂工的名叫李龙的老叔在公园里
捡大风吹落的枯枝。在朦胧的晨曦中，
老叔看见远处有几个人影，从公园西面
山下的小路走上来。前面两人用簸箕抬
着那个'示众'的玻璃金鱼缸，后面跟
着一个当官的。当官的一见我老叔，便

大声吆喝道：'你是什么人？快给我滚开！滚开！'我老叔说：'我是公园的工人，正在扫地。'那个当官的盯着我老叔上下打量了一番后，便不再理他，干他们自己的事去了。后来，见这伙人在路边动手挖坑，我老叔过去看了看，便对当官的说：'老总，埋在这里不好，又是路边，人来人往的。'那个当官的听了之后，立即命令两个工人把将要挖好的土坑回填了，还堆成一个假坟。他们收拾工具转移到下面的地方又挖了一个坑，草草地把玻璃金鱼缸埋下后就走了。后来，我老叔把他目睹的情况悄悄地告诉了我。两个月后的一天中午，我和老叔一起走到公园西坡水池边时，他用手指着相距十几步远的山边说：'人头就埋在那里。'我独自走到那个地方一看，发现是一个坑洼，由于日久雨淋，松土下陷了两寸多深。我在附近随手锄一两筐泥把坑洼填平了。记得在坑洼旁有一棵樟树，还有几棵丹竹。"

1961 年 12 月 13 日，在周十五的指引下，中共梧州市委领导、自治区党委工作组及梧州市文化局领导来到梧州中山公园开始挖掘。

第一天，他们只挖出一些桉树根，不见头骨。

第二天，他们往右移一米继续挖。挖了将近一米深时，发现泥土较松，还出现了一个小穴，接着又发现一些玻璃碎片。在场的人立即紧张起来，屏气小心翼翼地继续挖掘。挖到一米多深时，终于发现一个脸盆大小的玻璃金鱼缸，里面盛着一个头骨。

随行的广西电影制片厂的工作人员将这个难忘的时刻拍成了纪录片，记录下了这一珍贵的历史镜头。

广西壮族自治区党委和人民政府得知消息后，十分重视，立即成立了以自治区公安厅、博物馆、电影制片厂等单位组成的工作组，于当天晚上赶到梧州。

梧州市公安局和三名外科医生参加了鉴定工作，韦拔群生前战友黄举平、谢扶民提供了韦拔群的年龄、相貌、特征和嘴里左上牙床镶有一枚金牙、额上有枪伤等情况。

后来，广西医学院在整复韦拔群头骨时发现左额上方有两个弹洞，一颗子弹直穿左耳后部，一个弹头尚在骨缝中，头骨牙床有一枚金牙。经科学鉴定，证实头骨正是韦拔群烈士的头骨。

韦拔群烈士头骨在梧州出土后，中共梧州市委派专人将韦拔群头骨护送到广西首府南宁。

△ 韦拔群烈士颅骨出土处

为了纪念韦拔群，梧州市在中山公园内建了一座纪念馆。

　　韦拔群头颅埋藏之谜，在广西壮族自治区党委和人民政府的大力关心下终于解开了。

后 记

韦拔群同志永垂不朽

韦拔群牺牲后，根据地广大军民十分悲痛。他们冒着生命危险，到赏茶洞将韦拔群的遗骨背回来，秘密安葬在东里屯的特牙山上，并在坟上建了一座小庙，命名为"红神庙"。

新中国成立后，为了纪念韦拔群烈士，人民政府将他的遗骸重新安葬于东兰烈士陵园。

韦拔群的牺牲，对中国革命，尤其对广西的革命是一个巨大的损失。韦拔群，这位在大革命时期和土地革命时期叱咤风云的红军将领开创了惊天地、泣鬼神的业绩。毛泽东、周恩来、邓小平一直对韦拔群念念不忘，并予以极高的评价。

1934年1月，毛泽东在中华苏维埃共和国第二次代表大会上，提议为韦拔群等为革命牺牲的同志志哀。

新中国成立后，毛泽东非常怀念韦拔群烈士。他几乎每次见到广西人，都动情地谈起韦拔群。

1955年，覃应机与张云逸、谢扶民等到广州拜见毛主席，毛主席深情地对他们说：“韦拔群是广州农民运动讲习所最好的学生！”

1957年7月20日，在青岛举行的全国民族工作座谈会上，周恩来对著名历史学家黄现璠说：“壮族出了个韦拔群，他是人民英雄，是中华民族的好儿女。”

次年8月，广西省民委副主任黄举平率广西少数民族参观团到北京参观，毛主席在怀仁堂接见他们时说：“东兰出了个韦拔群，群众对他很爱戴，可惜他牺牲了。”

一次，毛主席得知警卫战士蓝保华是与东兰县山水相连的都安县人，便动情地说：“东兰是个革命根据地，过去韦拔群同志就在那里领导人民闹革命，后来为革命牺牲了。他是壮族人民的好儿子、农民的好领袖、党的好干部！”

1958年1月，毛泽东在南宁主持召开中央工作会议期间，对韦国清等说：“韦拔群是个好同志，我过去搞农运，有些东西还是从韦拔群那里学来的。”

邓小平对韦拔群也是怀念不已。1962年12月，为纪念韦拔群牺牲30周年，邓小平挥笔写下了长达205字的题词：“韦拔群同志以他的一生献给了党和人民的解放事业，最后献出了他的生命。他在对敌斗争中，始终是英勇顽强、百折不挠的，他不愧是无产阶级和劳动人民的英雄。他最善于联系群众，关心群众的疾苦，对人民解放事业具有无限忠心的崇高感情。他不愧是名符其实的人民群众的领袖。他一贯谨守党所分配给他的工作岗位，准确地执行党的方针和政策，严格地遵守党的纪律。他不愧是一个模范的共产党员。韦拔群同志永远活在我们的心中，他永远是我们和我们的子孙后代学习的榜样，我们永远纪念他！"

1981年12月10日，邓小平在纪念百色起义52周年的亲笔题词中又写道："纪念李明瑞、韦拔群等同志，百色起义的革命先烈永垂不朽！"

韦拔群于1921年开始领导农民闹革命后，由于深受各族人民的敬爱，人民群众亲切地称他为"拔哥"。

韦拔群是中国共产党早期著名的农民运动领袖，百色起义的领导人之一，红七军、右江革命根据地的创建者，中华苏维埃共和国中央执行委员，早年为党为国捐躯的人民军队杰出将领。在新中国60华诞之际，他被评为"为新中国成立作出突出贡献的英雄模范人物"是当之无愧的！

韦拔群对中国革命作出了积极卓著的历史贡献：他考察社会，探索出孙中山救国救民的道路；他三打东兰县城，揭开了右江农民武装斗争的序幕，为创建红七军和右江革命根据地奠定了基础；他团结各族同胞，参加东兰农民运动和土地革命战争，走共同革命的道路；他创办农讲所和干部训练班，进而创办平民学校，培养了一批具有阶级觉悟的革命骨干，提高了他们的文化水平，促进了各族人民的交流、团结和进步；他是百色起义的决策者、组织者和领导者之一，为捍卫百色起义的胜利果实英勇斗争，粉碎了视他为心腹之患的白崇禧的残酷"围剿"，粉碎了敌人的阴谋。

2007年，韦拔群的故乡东兰县筹划从2007~2009年用三年时间筹备开展韦拔群诞辰 115 周年纪念活动，得到广西壮族自治区党委、政府的高度重视。2009 年 10 月 23 日，纪念馆、拔群广场、将军园三大工程同时竣工。

纪念馆一千五百多件珍贵的文物史料，通过多媒体、场景复原等手段再现当年浴血奋战的革命历史，清晰地介绍了韦拔群光辉的一生。

在拔群广场前，前来瞻仰的人络绎不绝。

在将军园里，韦拔群的铜像巍然屹立。

整理挖掘拔群精神是纪念活动的重中之重。2009 年 11 月 5 日，河池市在东兰县隆重纪念韦拔群诞辰 115 周年，缅怀他的革命业绩，追思他的卓越功勋，学习他的优秀品质，弘扬他的崇高精神，进一步激发各族人民坚定信念，同心同德，继承先烈遗志。

大会指出，纪念韦拔群就是要学习他对党忠诚、一心为民的光荣传统和根本立场；学习他追求真理、百折不挠的坚定信念和英雄气概；学习他顾全大局、无私奉献的宽广胸怀和高尚情操。

韦拔群永远活在人民心里。